JN430176

코바늘
손뜨개 무늬집

Crochet

임현지 저

예신 Books

fashion hand kni pattern

머리말

이전에 펴낸 '패션 손뜨개 무늬집' 시리즈는 대바늘과 코바늘 그리고 에칭에 이르기까지 방대한 분량의 무늬들을 스타일별로 나누어 구성하였다.

이 책은 '패션 손뜨개 무늬집' 중 제9권으로 기존에 펴낸 무늬와 새로운 무늬의 코바늘 뜨기만을 모음집으로 구성하였다.

기존 무늬집은 새로운 무늬 위주로 작업을 했지만, 이번 무늬집은 시리즈 무늬집의 코바늘 종합편으로 기존에 펴냈어도 앞으로도 활용도가 높은 무늬와 새로운 무늬를 선정해 구성하였다. 새 무늬를 찾아 샘플링 작업을 하는 데 몇 배의 힘이 들었지만 새로운 것을 만든다는 자부심에 힘을 얻고 열심히 만들었다.

이 무늬집을 보고 나면 흔한 무늬들이라고 하는 독자도 있을 것이고, 새로운 무늬라고 하는 독자도 있겠지만, 무늬집을 준비하면서 여러 가지 도안과 패턴들을 작업해 보니 같은 무늬도 한 단, 한 코, 실의 굵기와 종류, 색상을 어떻게 쓰느냐에 따라 새로운 무늬가 나올 수 있다는 것을 알게 되었다. 독자들도 이 책을 참고하여 여러 가지 방법으로 응용할 수 있게 되길 바라며, 특히 새롭고 독특한 무늬를 찾는 분들에게 큰 도움이 되었으면 한다.

이 책이 나오기까지 도움을 주신 일진사 직원 여러분께 감사의 마음을 전한다.

임 현 지(jwy1266@hanmail.net)

3

fashion hand kni pattern

contents

코바늘 뜨기 기호

⬭	사슬뜨기	⊕	1길 긴뜨기 3코 방울뜨기
+	짧은뜨기	⊞	1길 긴뜨기 3코 구멍에 넣어 방울뜨기
T	긴뜨기	⊕	1길 긴뜨기 5코 방울뜨기
⊤	1길 긴뜨기	⊞	1길 긴뜨기 5코 구멍에 넣어 방울뜨기
⊤	2길 긴뜨기	⊕	1길 긴뜨기 5코 팝콘뜨기
⊤	3길 긴뜨기	⊞	1길 긴뜨기 5코 구멍에 넣어 팝콘뜨기
⊤	4길 긴뜨기	⋀	1길 긴뜨기 5코 모아뜨기
⌒	사슬 3코 피코뜨기	V	1코에 1길 긴뜨기 2코 떠넣기
⌒	사슬 3코 빼뜨기 피코	V	구멍에 1길 긴뜨기 2코 떠넣기
⋀	1길 긴뜨기 2코 모아뜨기	W	1코에 1길 긴뜨기 3코 떠넣기
⋔	1길 긴뜨기 2코 구멍에 넣어 방울뜨기	W	구멍에 1길 긴뜨기 3코 떠넣기
⋀	1길 긴뜨기 3코 모아뜨기	⩔	1코에 1코 간격 1길 긴뜨기 2코뜨기

(symbol)	1코에 3코 간격 1길 긴뜨기 2코뜨기	(symbol)	1길 긴뜨기 안으로 걸어뜨기
(symbol)	1코에 1길 긴뜨기 4코뜨기	(symbol)	7보뜨기
(symbol)	구멍에 1길 긴뜨기 5코뜨기	(symbol)	긴뜨기 3코 방울뜨기
(symbol)	1코에 1길 긴뜨기 5코 부채모양 뜨기	(symbol)	긴뜨기 3코 2단 방울뜨기
(symbol)	구멍에 1길 긴뜨기 5코 부채모양 뜨기	(symbol)	이중 방울뜨기
(symbol)	1코에 1길 긴뜨기 1코 간격 4코뜨기 (셀뜨기)	(symbol)	1코 간격 Y자 뜨기
(symbol)	구멍에 1길 긴뜨기 2코 간격 6코뜨기 (셀뜨기)	(symbol)	2코 간격 X자 뜨기
(symbol)	1길 긴뜨기 겉으로 걸어뜨기	(symbol)	거꾸로 Y자 뜨기

코바늘 뜨기 방법

◯ 사슬뜨기

1

├─ 시작코

1코

5코
├─ 시작코

바깥쪽

안쪽

사슬의 뒷고리

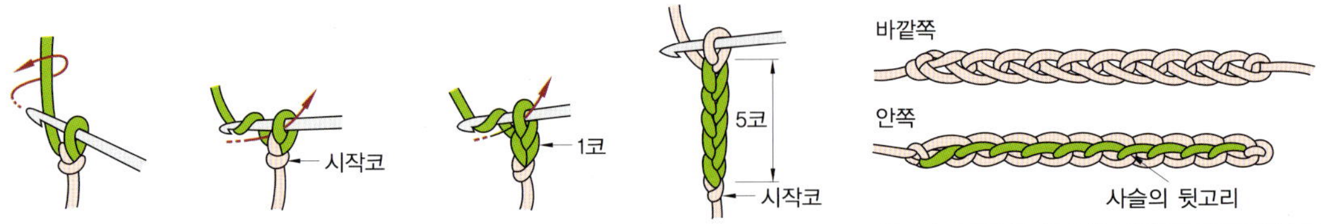

❶ 화살표 방향으로 바늘에 실을 감는다.

❷ 고리의 중심으로 실을 꺼낸다.

❸ 실을 걸어서 2코를 뜬다.

❹ 시작코는 1코로 세지 않는다.

❺ 사슬뜨기 코의 바깥쪽과 안쪽이다. 사슬뜨기 코 만들기에서 코를 주울 때 보통 사슬의 뒷고리에서 1개씩 줍는다.

✛ 짧은뜨기

2

2
1
시작코   기둥 1코

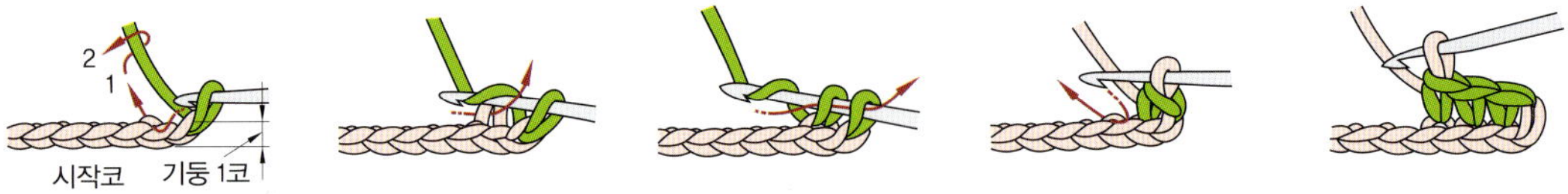

❶ 사슬 1코를 세워서 2코째 뒷고리에 바늘을 넣는다.

❷ 바늘에 실을 걸어서 화살표와 같이 빼낸다.

❸ 한번 더 실을 걸어서 2개의 고리를 한번에 빼낸다.

❹ 짧은뜨기 1코를 뜬다.

❺ ❶~❸을 반복하면 짧은뜨기 3코가 떠진다.

⊤ 긴뜨기

3

시작코   기둥 2코
받침코

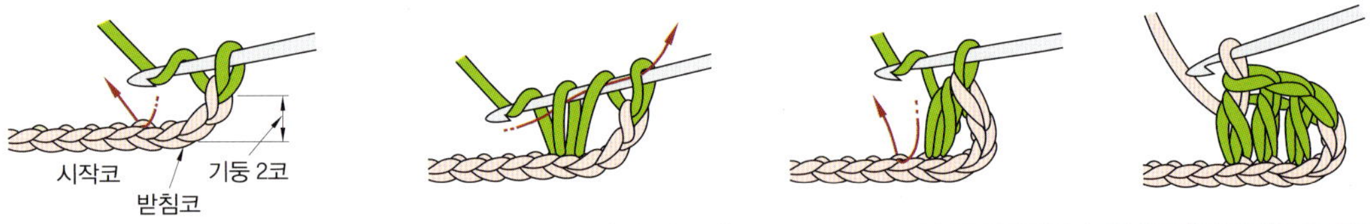

❶ 사슬 2코를 기둥으로 하여 바늘에 실을 감아 바늘에서 4번째 사슬의 뒷고리에 바늘을 넣는다.

❷ 실을 걸어서 고리를 빼내고, 3개의 고리를 한번에 빼낸다.

❸ 긴뜨기 1코를 완성한 후, 다음 코를 화살표 위치에 넣어 뜬다.

❹ 기둥을 1코로 셀 수 있으므로 긴뜨기 4코가 된다.

⊤ 1길 긴뜨기

4

기둥 3코
시작코   받침코

❶ 사슬 3코로 기둥을 세우고 바늘에 실을 감아 5코째 사슬 뒷고리에 넣는다.

❷ 실을 빼내서 다시 실을 걸어 고리 2개만 빼낸다.

❸ 한번 더 실을 걸어서 나머지 2개를 빼낸다.

❹ 1길 긴뜨기가 완성되면 다음 코에도 ❶~❸을 반복한다.

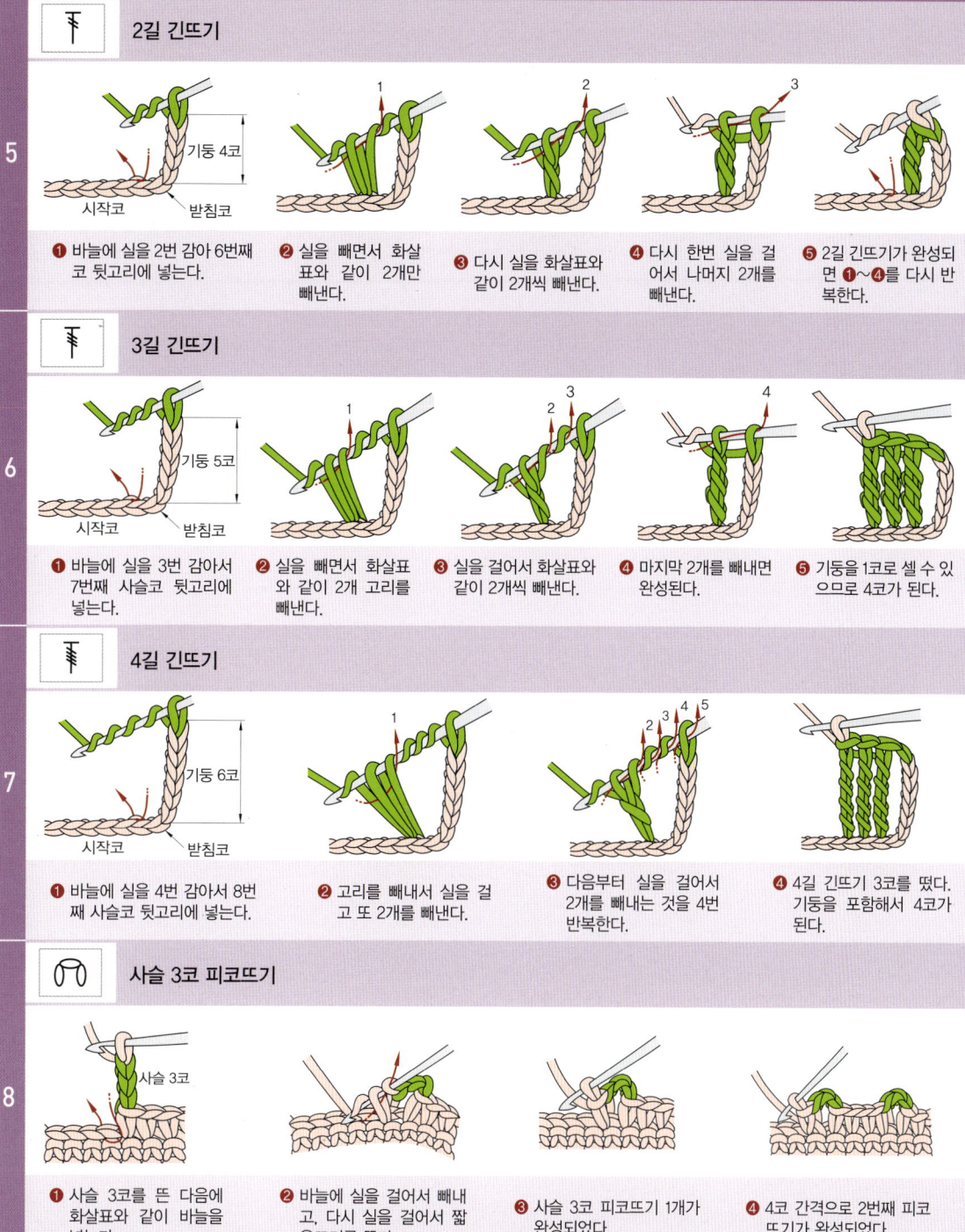

2길 긴뜨기

5

기둥 4코
시작코   받침코

❶ 바늘에 실을 2번 감아 6번째 코 뒷고리에 넣는다.

❷ 실을 빼면서 화살표와 같이 2개만 빼낸다.

❸ 다시 실을 화살표와 같이 2개씩 빼낸다.

❹ 다시 한번 실을 걸어서 나머지 2개를 빼낸다.

❺ 2길 긴뜨기가 완성되면 ❶~❹를 다시 반복한다.

3길 긴뜨기

6

기둥 5코
시작코   받침코

❶ 바늘에 실을 3번 감아서 7번째 사슬코 뒷고리에 넣는다.

❷ 실을 빼면서 화살표와 같이 2개 고리를 빼낸다.

❸ 실을 걸어서 화살표와 같이 2개씩 빼낸다.

❹ 마지막 2개를 빼내면 완성된다.

❺ 기둥을 1코로 셀 수 있으므로 4코가 된다.

4길 긴뜨기

7

기둥 6코
시작코   받침코

❶ 바늘에 실을 4번 감아서 8번째 사슬코 뒷고리에 넣는다.

❷ 고리를 빼내서 실을 걸고 또 2개를 빼낸다.

❸ 다음부터 실을 걸어서 2개를 빼내는 것을 4번 반복한다.

❹ 4길 긴뜨기 3코를 떴다. 기둥을 포함해서 4코가 된다.

사슬 3코 피코뜨기

8

사슬 3코

❶ 사슬 3코를 뜬 다음에 화살표와 같이 바늘을 넣는다.

❷ 바늘에 실을 걸어서 빼내고, 다시 실을 걸어서 짧은뜨기를 뜬다.

❸ 사슬 3코 피코뜨기 1개가 완성되었다.

❹ 4코 간격으로 2번째 피코뜨기가 완성되었다.

사슬 3코 빼뜨기 피코

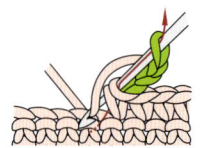
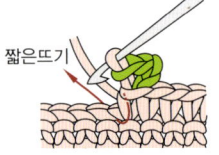
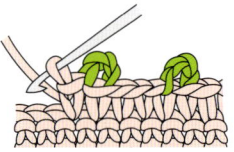

9

❶ 사슬 3코를 뜨고, 짧은뜨기의 머리 반코와 발 하나에 화살표와 같이 바늘을 넣는다.

❷ 바늘에 실을 걸어 화살표처럼 한번에 빼낸다.

❸ 다음 코를 뜨면 빼뜨기 피코가 완성된다.

❹ 4코 간격을 두고 다음 피코를 뜨고 나서 짧은뜨기 1코를 뜬다.

 1길 긴뜨기 2코 모아뜨기

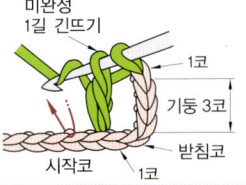
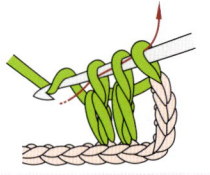
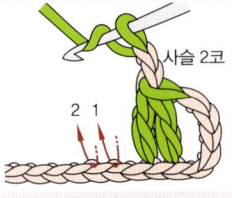

10

❶ 먼저 미완성 1길 긴뜨기를 1개 뜨고, 다음 코에도 같은 모양을 뜬다.

❷ 바늘에 걸려 있는 3개 고리를 한번에 빼낸다.

❸ 1길 긴뜨기 2코 모아뜨기를 완성한다. 다음은 화살표의 위치에서 뜬다.

❹ 2개째 1길 긴뜨기 2코 모아뜨기가 완성되었다.

 1길 긴뜨기 2코 구멍에 넣어 방울뜨기

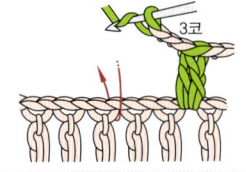
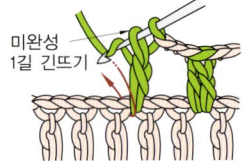
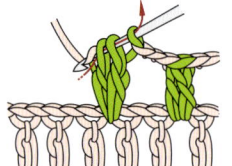
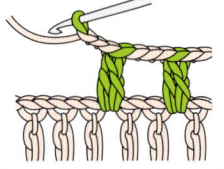

11

❶ 바늘에 실을 감아서 전단의 화살표 위치에 집어 넣는다.

❷ 미완성 1길 긴뜨기를 같은 위치에 한 번 더 반복한다.

❸ 바늘에 실을 감아서 화살표와 같이 고리 3개를 한 번에 빼낸다.

❹ 1길 긴뜨기 2코 방울뜨기를 하고, 사슬을 3코 떠서 계속한다.

 1길 긴뜨기 3코 모아뜨기

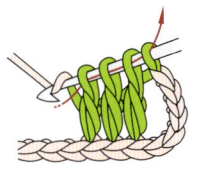

12

❶ 미완성 1길 긴뜨기를 1코 뜨고, 계속해서 화살표와 같이 2코 더 뜬다.

❷ 바늘에 실을 감아서 화살표와 같이 바늘에 걸린 4개 고리를 한번에 빼뜬다.

❸ 1길 긴뜨기 3코 모아뜨기가 완성되었다. 사슬 3코를 뜬 다음 화살표의 3코에 떠 넣는다.

❹ 2개가 완성되었다. 다음의 코를 뜨게 되면 처음 부분이 안정된다.

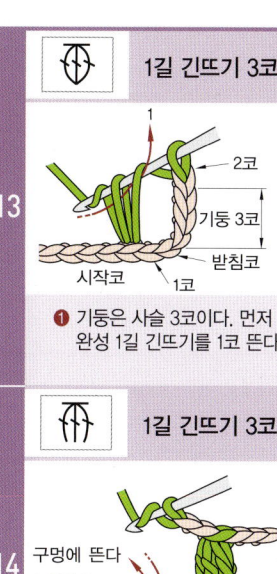 **1길 긴뜨기 3코 방울뜨기**

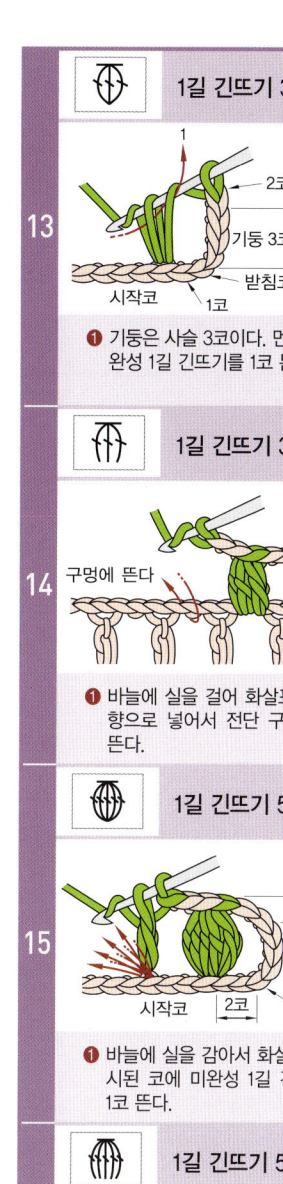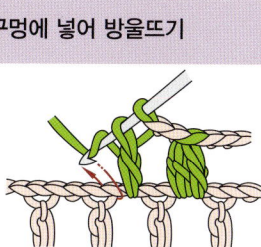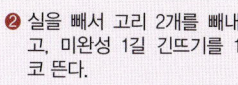

13

❶ 기둥은 사슬 3코이다. 먼저 미완성 1길 긴뜨기를 1코 뜬다.

❷ 같은 코에 바늘을 넣어서 미완성 1길 긴뜨기를 2코 뜬다.

❸ 바늘에 실을 걸어 화살표와 같이 고리 4개를 한 번에 빼낸다.

❹ ❶~❸을 되풀이해서 1길 긴뜨기 3코 방울뜨기 2개가 완성되었다.

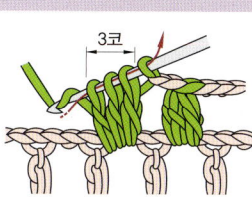 **1길 긴뜨기 3코 구멍에 넣어 방울뜨기**

14

❶ 바늘에 실을 걸어 화살표 방향으로 넣어서 전단 구멍에 뜬다.

❷ 실을 빼서 고리 2개를 빼내고, 미완성 1길 긴뜨기를 1코 뜬다.

❸ 같은 위치에 다시 2코 떠서 4개 고리를 한 번에 빼낸다.

❹ ❶~❸을 반복하면 1길 긴뜨기 3코 방울뜨기 2개가 완성된다.

 1길 긴뜨기 5코 방울뜨기

15

❶ 바늘에 실을 감아서 화살표가 표시된 코에 미완성 1길 긴뜨기를 1코 뜬다.

❷ 같은 코에 4번 더 바늘을 넣어서 미완성 1길 긴뜨기를 4코 떠넣는다.

❸ 바늘에 걸려 있는 6개의 고리를 한번에 빼낸다.

❹ 사슬뜨기 3코를 떠서 ❶~❸을 반복한다. 1길 긴뜨기 5코 방울뜨기를 2개 완성하였다.

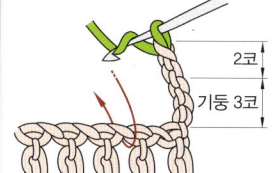 **1길 긴뜨기 5코 구멍에 넣어 방울뜨기**

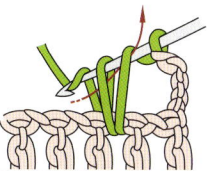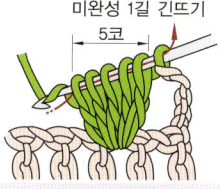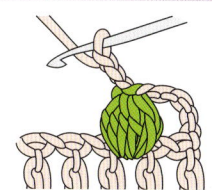

16

❶ 바늘에 실을 감아 화살표 위치에 넣는다.

❷ 실을 걸어서 고리 2개 만 빼내어 미완성 1길 긴뜨기를 뜬다.

❸ 같은 위치에 바늘을 넣어서 미완성 1길 긴뜨기를 4코 더 뜬다.

❹ 6개 고리를 한 번에 빼내서 방울뜨기를 완성한다.

11

17 | 1길 긴뜨기 5코 팝콘뜨기

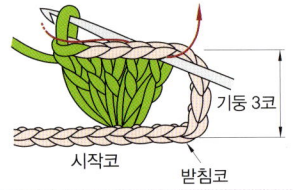
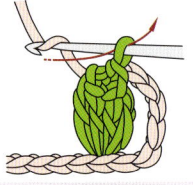

❶ 같은 코에 1길 긴뜨기 5코를 뜨고, 일단 바늘을 바꾸어 1길 긴뜨기 첫 번째 코에 집어 넣는다.

❷ 1길 긴뜨기 첫 번째 코의 앞쪽으로 빼내어 다시 사슬뜨기를 해서 잡아 당긴다.

❸ 1길 긴뜨기 5코 팝콘뜨기 2개가 완성되었다.

18 | 1길 긴뜨기 5코 구멍에 넣어 팝콘뜨기

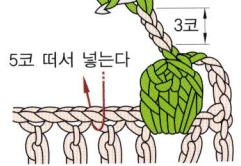
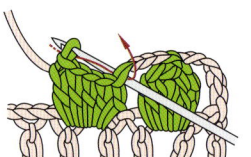
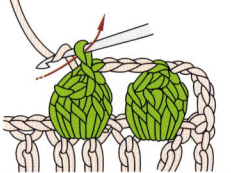
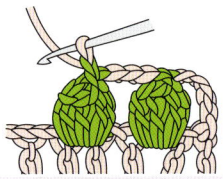

❶ 바늘에 실을 감아서 화살표의 위치에 바늘을 넣고 실을 건다.

❷ 1길 긴뜨기 5코를 뜨고, 바늘을 바꾸어 1길 긴뜨기 첫 번째 코에 집어 넣는다.

❸ 고리를 첫 번째 코의 머리 부분에 빼내고, 다시 사슬뜨기 1코를 잡아당긴다.

❹ 구멍에 넣어 뜨는 팝콘뜨기 2개가 완성되었다.

19 | 1길 긴뜨기 5코 모아뜨기

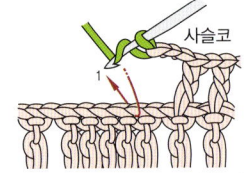
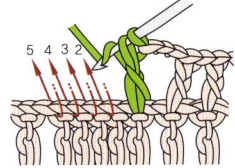
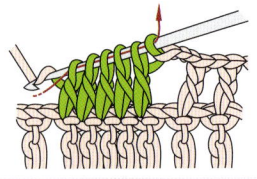
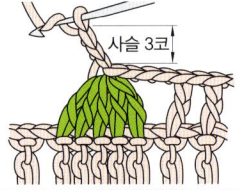

❶ 화살표 위치에 바늘을 넣고 실을 걸어서 고리를 2개만 빼낸다.

❷ 화살표 위치에 바늘을 넣어서 ❶과 같은 모양으로 미완성 1길 긴뜨기를 4코 더 뜬다.

❸ 바늘에 실을 감아 걸려 있는 6개 고리를 한 번에 빼낸다.

❹ 1길 긴뜨기 5코를 한번에 뜨고, 사슬뜨기 3코를 떠서 다음 단계를 계속한다.

20 | 1코에 1길 긴뜨기 2코 떠넣기

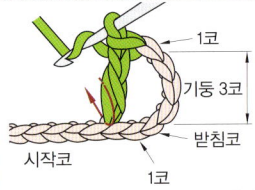
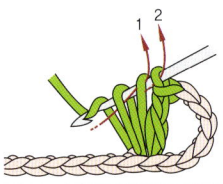
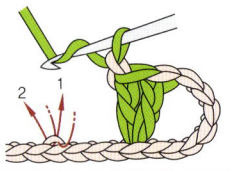

❶ 먼저 1길 긴뜨기를 1코 뜨고, 같은 코에 화살표와 같이 바늘을 넣는다.

❷ 바늘에 실을 감아 고리를 2개씩 빼내어 1길 긴뜨기를 뜬다.

❸ 1코에 1길 긴뜨기 2코 떠 넣기 1개가 완성되었다.

❹ 사슬 1코의 간격을 두고 2개째 뜬 것이다.

구멍에 1길 긴뜨기 2코 떠넣기

21

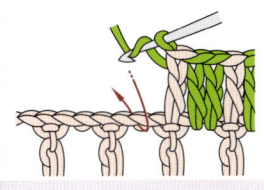
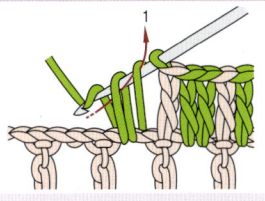
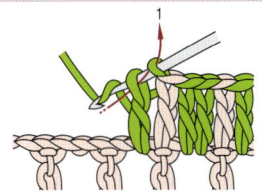
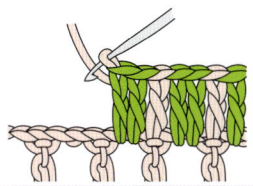

❶ 바늘에 실을 감아서 전단의 화살표 위치에 넣는다.

❷ 실을 걸어서 빼내고, 화살표와 같이 고리를 2개만 빼낸다.

❸ 다시 남은 고리도 2개 빼내서 1길 긴뜨기 1코를 뜬다.

❹ 같은 위치에 1코 더 떠 넣으면 구멍에 뜬 1길 긴뜨기 2코가 완성된다.

1코에 1길 긴뜨기 3코 떠넣기

22

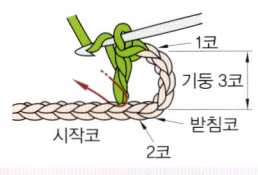
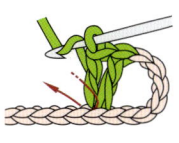
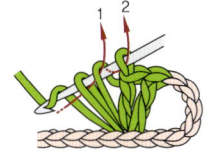

1코
기둥 3코
받침코
시작코
2코

❶ 1길 긴뜨기를 1코 떠서 같은 코에 바늘을 넣어 다시 1코를 뜬다.

❷ 바늘에 실을 감아서 한번 더 같은 위치에 넣는다.

❸ 고리를 빼내서 1길 긴뜨기를 뜨고, 1코에 3코를 떠 넣어 완성한다.

❹ 사슬 1코의 간격을 두고 2개가 완성되었다.

구멍에 1길 긴뜨기 3코 떠넣기

23

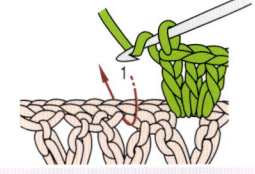
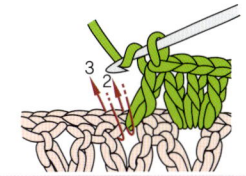
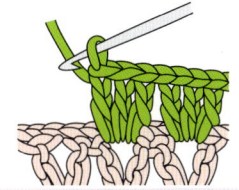

❶ 바늘에 실을 감아서 화살표와 같이 전단의 구멍에 넣어 뜬다.

❷ 1길 긴뜨기 1코를 뜨고, 같은 위치에 바늘을 넣어 2코를 더 뜬다.

❸ 구멍에 1길 긴뜨기 3코 떠넣기 2개가 완성되었다.

1코에 1코 간격 1길 긴뜨기 2코뜨기

24

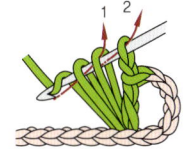

기둥 3코
받침코
시작코

❶ 사슬 3코로 기둥을 세우고, 받침코에서부터 2번째 코 뒷고리에 1길 긴뜨기를 1코 뜬다.

❷ 사슬을 1코 뜨고 1길 긴뜨기를 뜬 같은 위치에 바늘을 집어 넣는다.

❸ 고리를 빼내고 실을 걸어 2개씩 빼내면 완성된다.

❹ 사슬 2코 간격으로 1코에 1코 간격 1길 긴뜨기 2코뜨기 2개가 완성되었다.

1코에 3코 간격 1길 긴뜨기 2코뜨기

25

  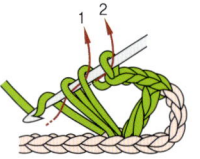 

❶ 사슬 3코로 기둥을 세우고, 받침 코에서부터 3번째 코에 1길 긴뜨기를 1코 뜬다.

❷ 사슬 3코를 뜨고, 1길 긴뜨기와 같은 위치에 화살표와 같이 바늘을 넣는다.

❸ 고리를 빼내어 실을 걸어서 2개씩 빼낸다.

❹ 사이에 사슬 3코를 넣은 1길 긴뜨기 2코가 완성되었다.

 1코에 1길 긴뜨기 4코뜨기

26

 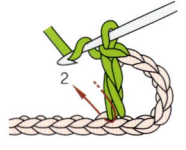 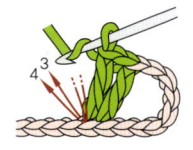 

❶ 사슬 3코로 기둥을 세우고, 받침 코에서 4번째 코에 바늘을 넣어서 1길 긴뜨기를 뜬다.

❷ 실을 감아서 1길 긴뜨기와 같은 코에 바늘을 넣어 1코 더 뜬다.

❸ 실을 감아서 같은 위치에 바늘을 넣어 2코 더 뜬다.

❹ 1코에 1길 긴뜨기를 4코 떠 넣으면 완성된다.

 구멍에 1길 긴뜨기 5코뜨기

27

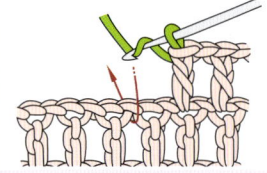 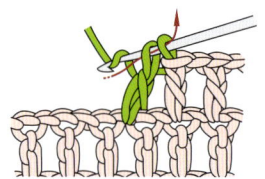 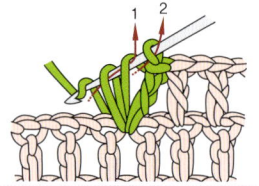 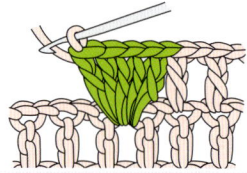

❶ 바늘에 실을 걸어서 화살표와 같이 전단의 구멍에 집어 넣는다.

❷ 바늘에 실을 걸어서 빼내고, 고리 2개씩 빼내어 1길 긴뜨기를 1코 뜬다.

❸ 전단의 같은 위치에 바늘을 넣어 1길 긴뜨기를 1코 더 뜬다.

❹ 1길 긴뜨기 5코를 구멍에 넣어 뜨면 완성된다.

 1코에 1길 긴뜨기 5코 부채모양 뜨기

28

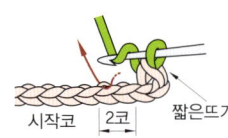 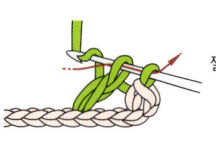 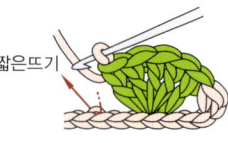 

❶ 짧은뜨기를 1코 뜨고, 바늘에 실을 감아서 3번째 코에 넣는다.

❷ 실을 빼내서 고리 2개씩 빼내어 1길 긴뜨기를 뜬다.

❸ 같은 코에 4코 더 뜨고, 3번째 코에 짧은뜨기를 뜬다.

❹ 1길 긴뜨기를 5코 떠 넣은 부채모양 뜨기 2개가 완성되었다.

구멍에 1길 긴뜨기 5코 부채모양 뜨기

29

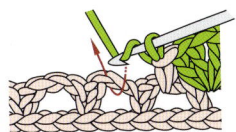 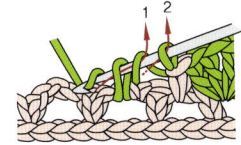  

❶ 짧은뜨기를 1코 뜨고, 바늘에 실을 감아서 전단 고리에 넣는다.

❷ 실을 빼내서 화살표와 같이 2개씩 빼내어 1길 긴뜨기를 뜬다.

❸ 같은 위치에 바늘을 넣은 후 4코 뜨고, 다시 화살표 위치에 넣는다.

❹ 짧은뜨기를 하고 1길 긴뜨기 5코를 구멍에 넣어 뜨면 부채모양 뜨기가 완성된다.

 1코에 1길 긴뜨기 1코 간격 4코뜨기(셸뜨기)

30

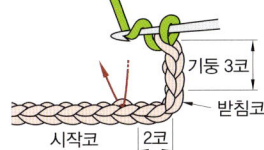  

❶ 사슬뜨기 3코로 기둥을 세우고, 바늘에 실을 감아서 받침코에서 3번째 코에 넣는다.

❷ 같은 코에 1길 긴뜨기를 2코 뜬다. 사슬뜨기를 1코 뜨고, 같은 위치에 바늘을 넣는다.

❸ 다시 1길 긴뜨기를 2코 뜨고, 사이에 사슬뜨기 1코를 넣어 뜨면 셸뜨기가 완성된다.

 구멍에 1길 긴뜨기 2코 간격 6코뜨기(셸뜨기)

31

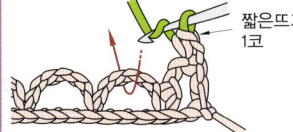 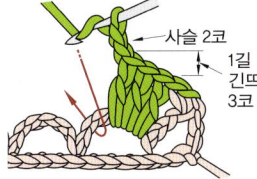 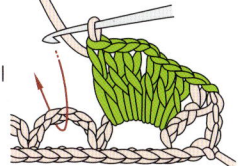 

❶ 우선 짧은뜨기를 1코 뜨고, 전단의 고리에 바늘을 넣는다.

❷ 같은 위치에 바늘을 넣어서 1길 긴뜨기를 3코 뜨고, 다음에 사슬뜨기를 2코 뜬다.

❸ 같은 위치에 다시 1길 긴뜨기를 3코 뜨고, 다음 고리에 바늘을 넣는다.

❹ 짧은뜨기 1코를 뜨고, 1길 긴뜨기(2코 간격) 6코를 구멍에 넣어 뜨면 셸뜨기가 완성된다.

 1길 긴뜨기 겉으로 걸어뜨기

32

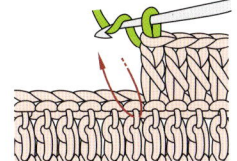 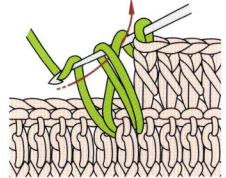 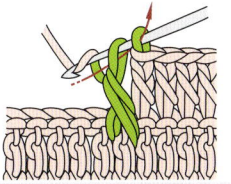 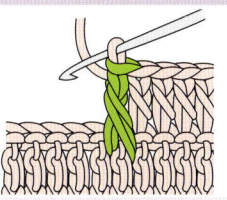

❶ 화살표와 같이 전단 코의 아래에 바깥쪽부터 바늘을 넣는다.

❷ 바늘에 실을 걸어서 길게 빼내어 고리 2개만 빼낸다.

❸ 화살표와 같이 남은 고리 2개를 빼내서 1길 긴뜨기를 뜬다.

❹ 1길 긴뜨기 겉으로 코 빼뜨기가 완성되었다.

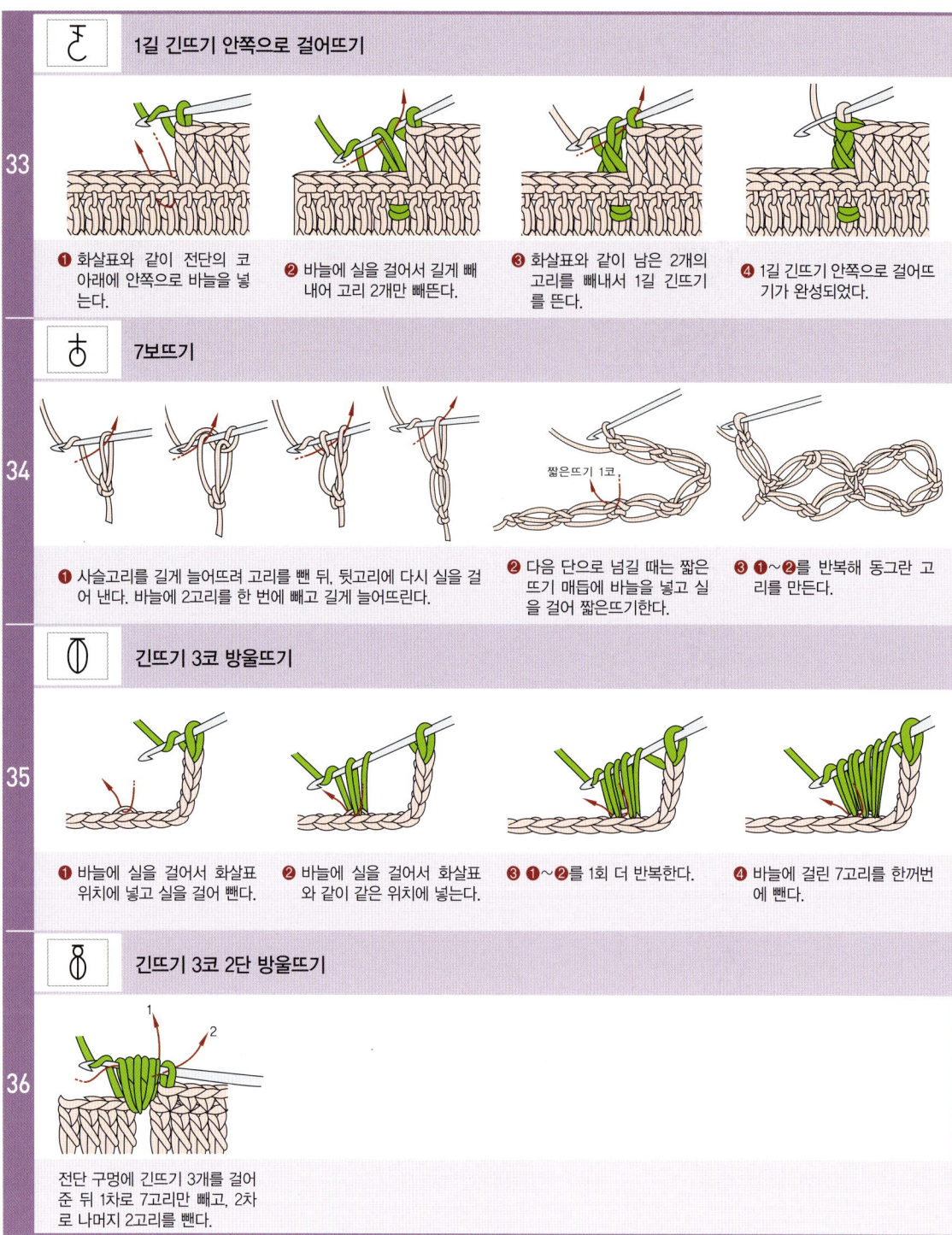

33	1길 긴뜨기 안쪽으로 걸어뜨기

❶ 화살표와 같이 전단의 코 아래에 안쪽으로 바늘을 넣는다.

❷ 바늘에 실을 걸어서 길게 빼내어 고리 2개만 빼뜬다.

❸ 화살표와 같이 남은 2개의 고리를 빼내서 1길 긴뜨기를 뜬다.

❹ 1길 긴뜨기 안쪽으로 걸어뜨기가 완성되었다.

34	7보뜨기

❶ 사슬고리를 길게 늘어뜨리려 고리를 뺀 뒤, 뒷고리에 다시 실을 걸어 낸다. 바늘에 2고리를 한 번에 빼고 길게 늘어뜨린다.

짧은뜨기 1코.

❷ 다음 단으로 넘길 때는 짧은 뜨기 매듭에 바늘을 넣고 실을 걸어 짧은뜨기한다.

❸ ❶~❷를 반복해 동그란 고리를 만든다.

35	긴뜨기 3코 방울뜨기

❶ 바늘에 실을 걸어서 화살표 위치에 넣고 실을 걸어 뺀다.

❷ 바늘에 실을 걸어서 화살표와 같이 같은 위치에 넣는다.

❸ ❶~❷를 1회 더 반복한다.

❹ 바늘에 걸린 7고리를 한꺼번에 뺀다.

36	긴뜨기 3코 2단 방울뜨기

전단 구멍에 긴뜨기 3개를 걸어 준 뒤 1차로 7고리만 빼고, 2차로 나머지 2고리를 뺀다.

이중 방울뜨기

37

❶ 한 코에 긴뜨기를 3번하고, 2코 건너 바늘에 실을 걸어 화살표와 같이 바늘을 넣는다.

❷ 2코 건넌 자리에 1길 긴뜨기 3코 방울을 만든다. 완성 전까지 작업해 바늘에 10고리를 만든다.

❸ 9고리를 한꺼번에 빼고 나머지 2고리를 빼면 이중 방울뜨기가 완성된다.

1코 간격 Y자 뜨기

38

❶ 바늘에 실을 2회 감아 화살표 자리에 바늘을 넣고 실을 걸어 뺀다.

❷ 2고리씩 3회 빼낸 뒤 2길 긴 뜨기를 뜬다.

❸ 사슬 1개를 만든 후, 바늘에 실을 감아서 화살표 위치에 넣고 1길 긴뜨기를 한다.

❹ 다시 바늘에 실을 2회 감고 화살표 자리에 넣어 2길 긴 뜨기를 한다.

2코 간격 X자 뜨기

39

❶ 바늘에 실을 2회 감아 화살표 자리에 넣고 실을 걸어 뺀다.

❷ 바늘에 실을 걸어 2고리를 뺀다.

❸ 바늘에 실을 감아 2코 건넌 화살표 자리에 넣고 실을 걸어 2고리만 뺀다.

❹ 2고리씩 3회 뺀다.

❺ 사슬 2개를 만들어 화살표 위치에 바늘을 넣고 실을 걸어 1길 긴뜨기를 한다.

❻ ❶~❺까지 반복하면 X자 뜨기 2개가 완성된다.

거꾸로 Y자 뜨기

40

기둥 6코

❶ 사슬 6코를 기둥으로 하여 바늘에 실을 걸어 화살표 자리에 넣은 뒤 실을 걸어 뺀 후, 다시 실을 걸어 2고리만 뺀다.

❷ 바늘에 실을 감아 화살표 자리에 넣고 실을 걸어 2고리만 뺀다.

❸ 2고리씩 3회 실을 걸어 빼내면 거꾸로 Y자 뜨기가 완성된다.

코바늘 뜨기의 실제

사슬뜨기로 둥근코 만들기

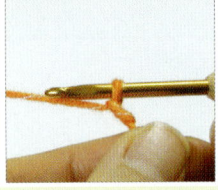    

❶ 그림과 같이 시작코를 만든다.

❷ 바늘에 실을 감아 사슬뜨기를 한다.

❸ ❶~❷를 반복해서 원하는 수만큼 사슬코를 만든다.

❹ 첫번째 코의 사슬 반코에 바늘을 넣는다.

❺ 에 실을 걸어 빼낸다.

실로 둥근코 만들기

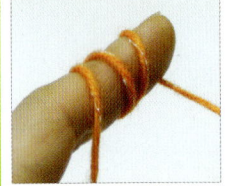  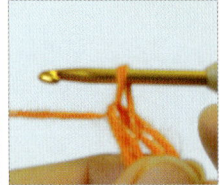  

❶ 왼쪽 집게 손가락에 실을 2번 감는다.

❷ 감은 고리모양 그대로 손가락에서 뺀다.

❸ 둥근 가운데 바늘을 넣어서 실을 걸어 빼낸다.

❹ 한번 더 실을 빼내 코를 죈다.

❺ 처음 만든 것은 1코로 치지 않는다.

짧은뜨기로 원형 모티프 시작하기

❶ 실 끝을 감아 기둥코 1코를 만들고 가운데 구멍에 바늘을 넣어 실을 걸어 낸다.

❷ 바늘에 실을 걸어 2고리를 한 번에 뺀 뒤 짧은뜨기한다.

❸ ❶~❷를 반복하여 필요한 코수만큼 짧은뜨기를 한다.

❹ 원형이 될 수 있도록 실을 잡아당겨 죈다.

❺ 단의 끝을 짧은뜨기의 머리에 넣어 빼뜨기로 뜬 다음 사슬 1코로 기둥을 뜬다.

빼뜨기를 뜨면서 모티프 잇는 방법

❶ 마지막 단이 사슬 5코의 네트뜨기일 경우 중심의 3코째에서 화살표 방향으로 잇는다.

❷ 사슬 3코뜨기 옆의 모티프 고리에 바늘을 넣어서 3번째 코를 빼뜨기로 뜬다.

❸ 나머지 사슬 2코를 뜨고 짧은뜨기를 하여 네트 1개를 만들고 같은 방법으로 잇는다.

❹ 모티프 네트 2개를 이어 놓은 것이다.

짧은뜨기를 뜨면서 모티프 잇는 방법

❶ 사슬을 2코 떠서 옆의 모티프 고리에 바늘을 넣고 실을 걸어서 뺀다.

❷ 한 번 더 실을 걸어서 빼내고 짧은뜨기를 한다.

❸ 옆의 모티프 네트에 짧은뜨기로 이은 후 나머지 사슬 2코를 뜬다.

❹ 짧은뜨기를 하여 네트를 완성한다.

긴뜨기를 뜨면서 모티프 잇는 방법

❶ 바늘을 옆의 모티프에 넣어서 실을 걸어 뺀다.

❷ 1길 긴뜨기의 머리에 바늘을 넣고, 실을 감아 아래 안고리에 넣어 실을 걸어서 뺀다.

❸ 바늘에 실을 걸어서 고리 2개씩 빼내서 1길 긴뜨기를 한다. 2코째도 같은 모양으로 뜬다.

❹ 이을 곳 마지막 1길 긴뜨기도 같은 모양으로 뜨고 다음부터 보통으로 뜬다.

반코 감아서 모티프 잇는 방법

돗바늘로 실을 꿰어 모티프를 서로 붙여 바깥쪽의 반코씩을 꿰맨다.

빼뜨기로 모티프 잇는 방법

❶ 2장을 바깥쪽이 안으로 가도록 겹쳐서 이을 곳의 시작점에 실을 건 후 바깥쪽으로 반코씩 건다.

❷ 실끝은 왼쪽에 두고 실끝 아래부터 뜬다.

❸ 빼뜨기로 이은 모양이다.

짧은뜨기로 모티프 잇는 방법

❶ 2장을 바깥쪽이 안으로 가도록 겹쳐서 이을 곳의 시작점에 실을 건 후 바깥쪽으로 반 코씩 건다.

❷ 바늘을 넣어 실을 걸어 뺀다.

❸ 2고리를 한꺼번에 빼서 짧은뜨기한다.

❹ 짧은뜨기로 이은 모양이다.

1 4코 2단 1무늬

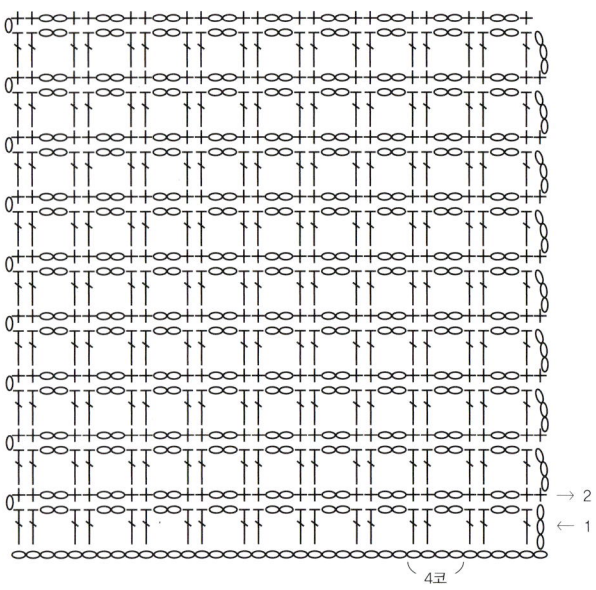

2 6코 4단 1무늬

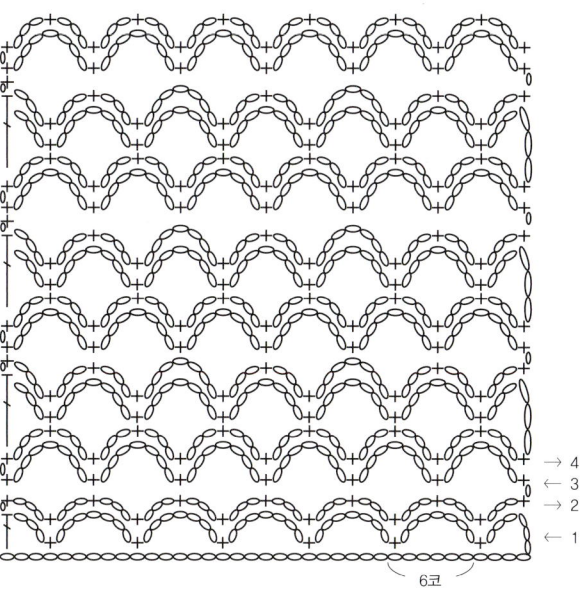

→ 4
← 3
→ 2
← 1

6코

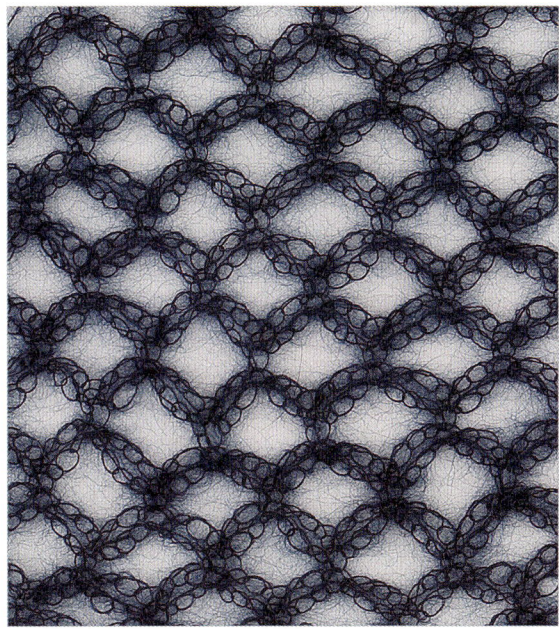

3 39코 12단 1무늬

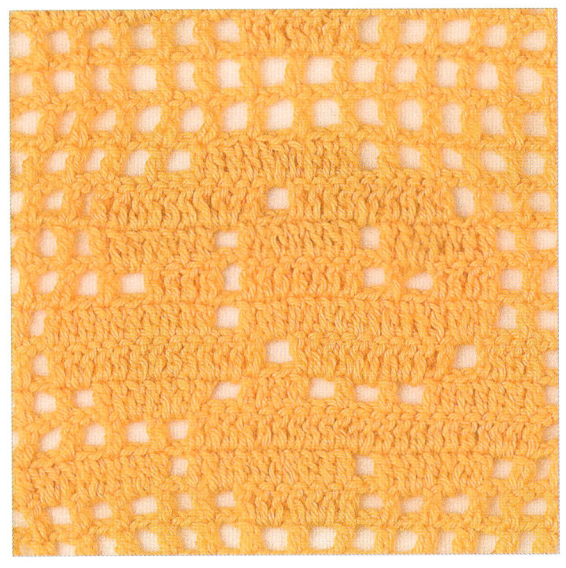

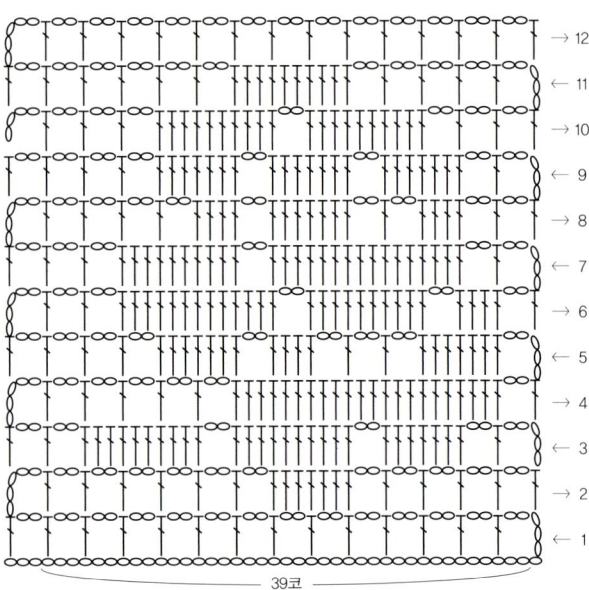

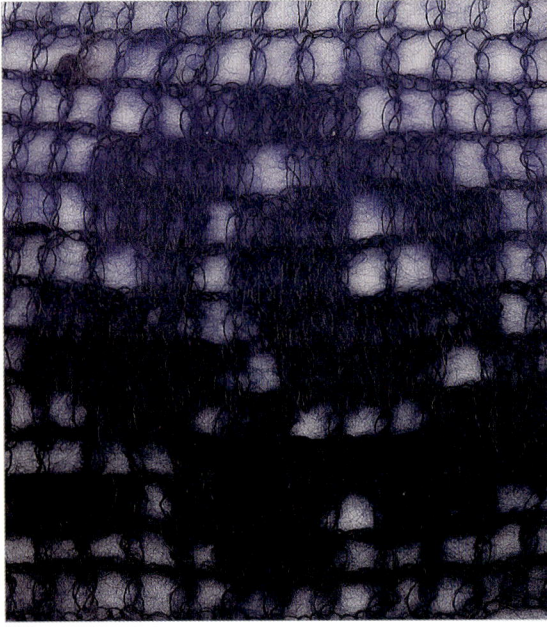

4 16코 8단 1무늬

16코

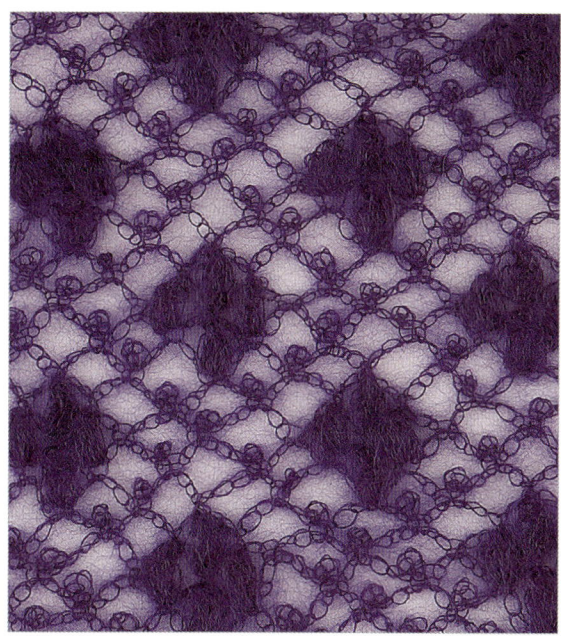

5 8코 4단 1무늬

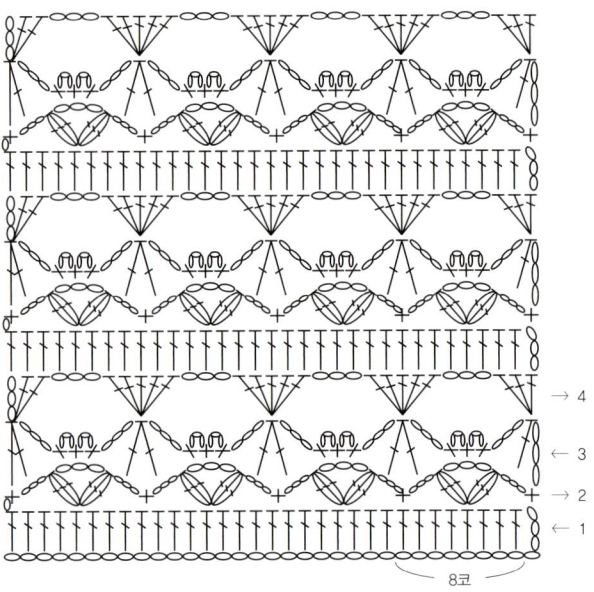

→ 4
← 3
→ 2
← 1

8코

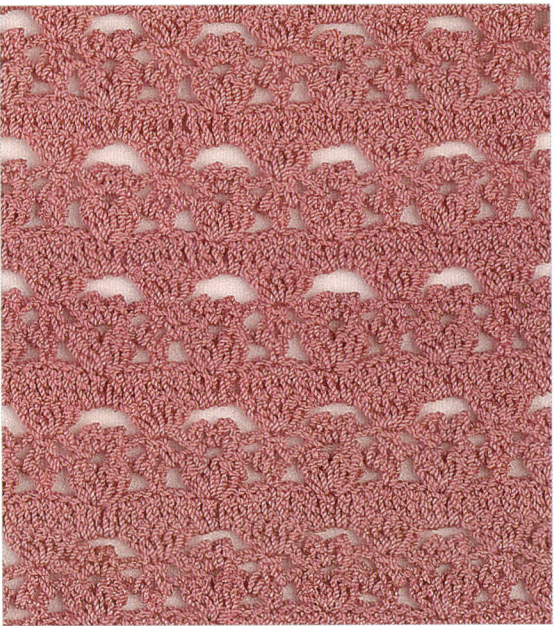

6   12코 6단 6무늬

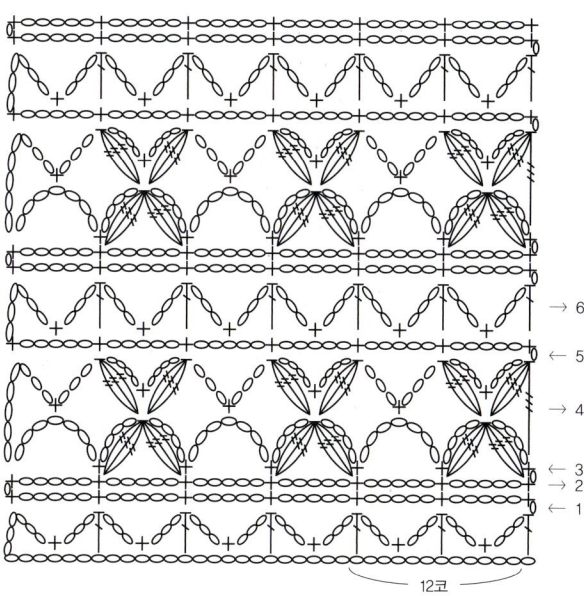

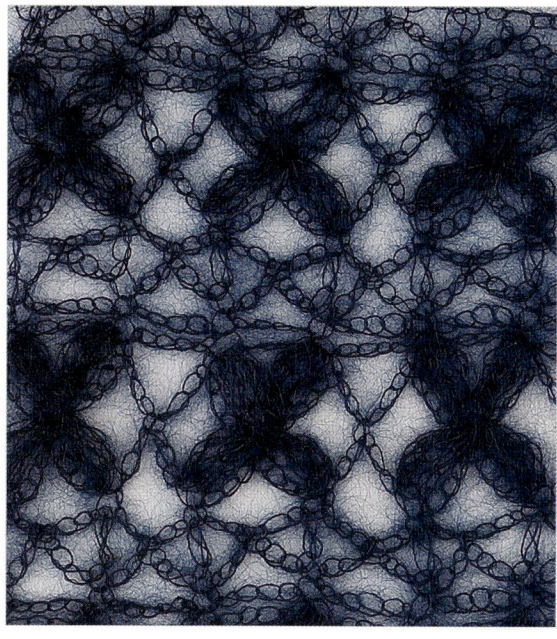

7 12코 6단 1무늬

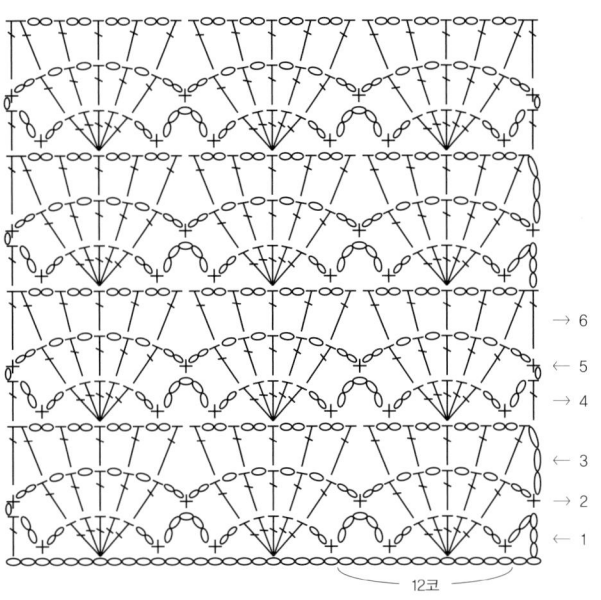

→ 6
← 5
→ 4
← 3
→ 2
← 1

12코

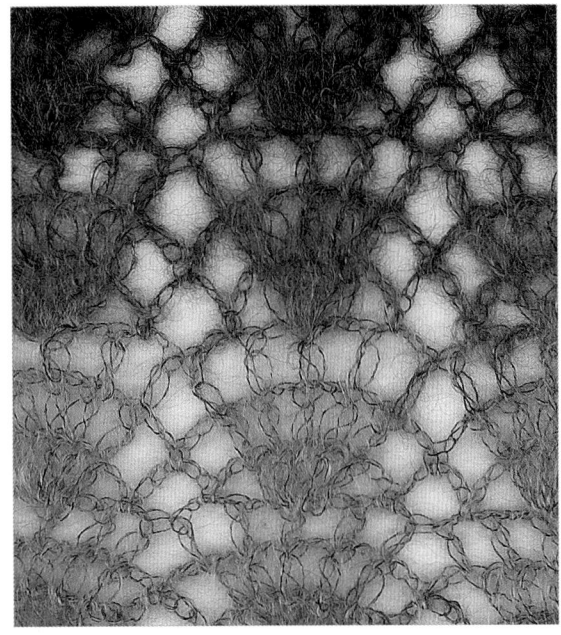

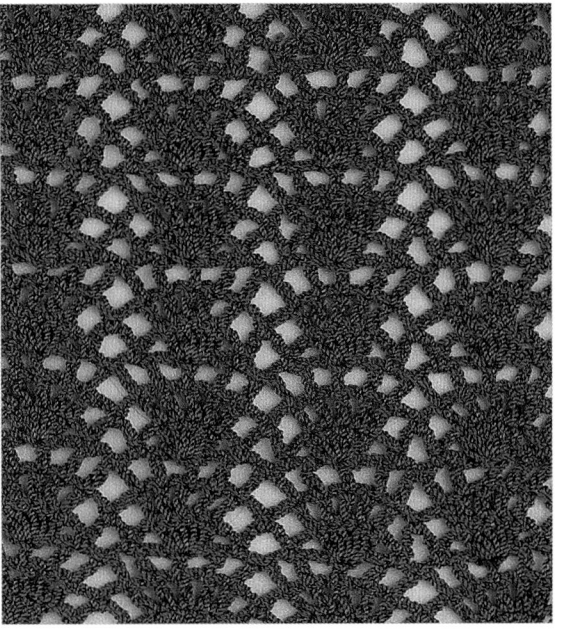

8 10코 2단 1무늬

→ 2

← 1

10코

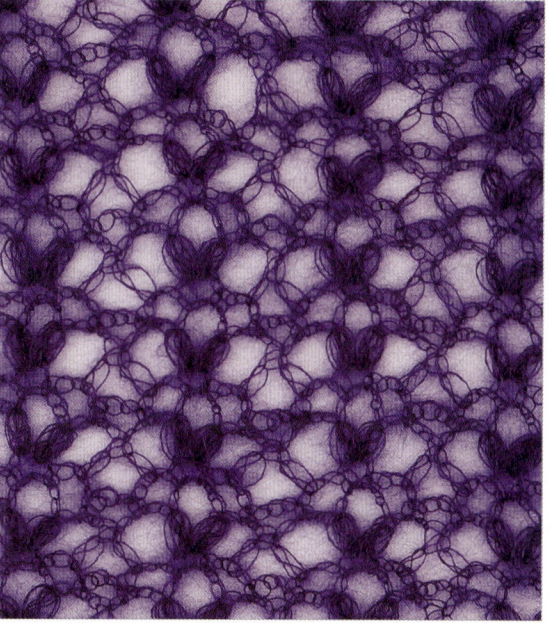

9 17코 6단 1무늬

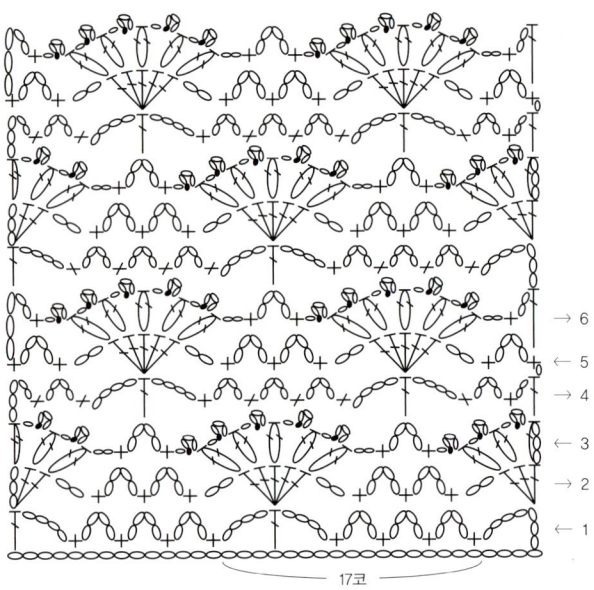

→ 6
← 5
→ 4
← 3
→ 2
← 1

17코

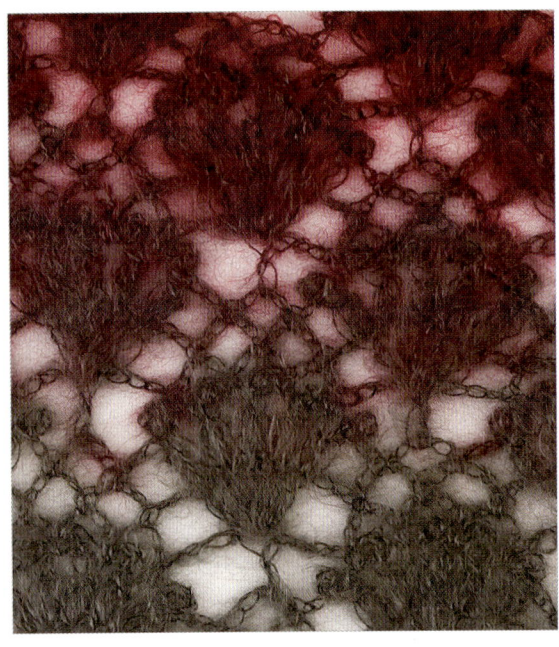

10 20코 12단 1무늬

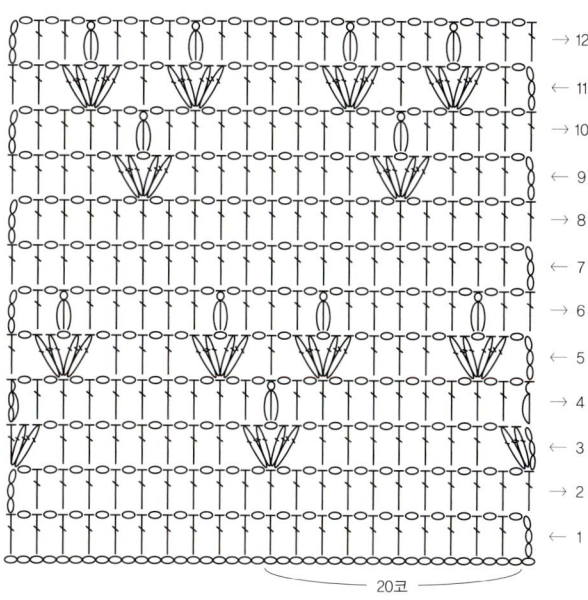

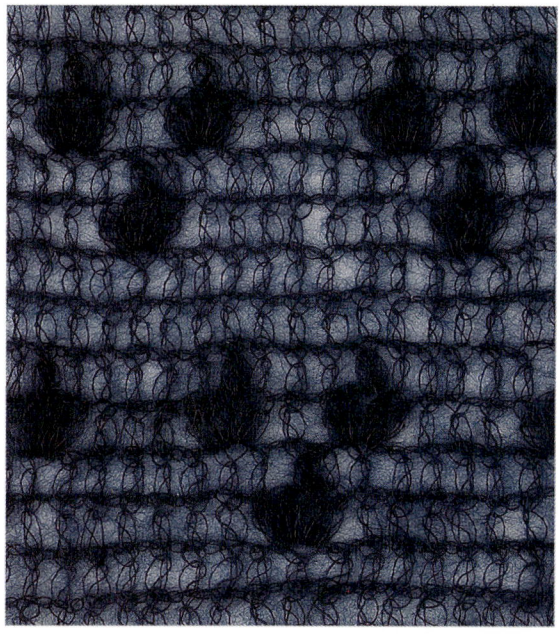

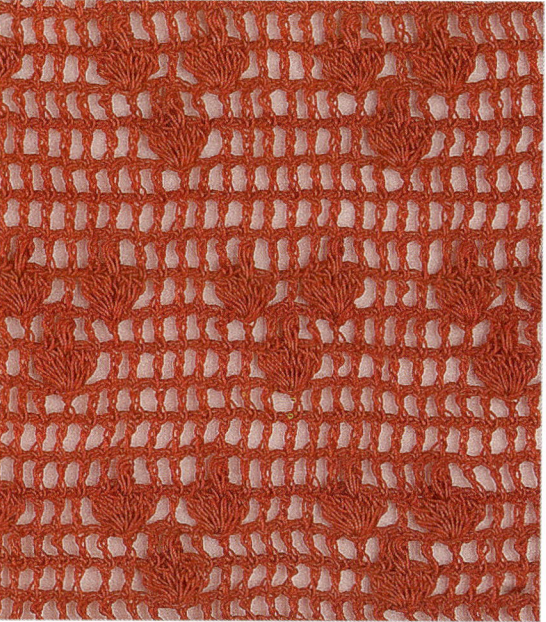

11 5코 2단 1무늬

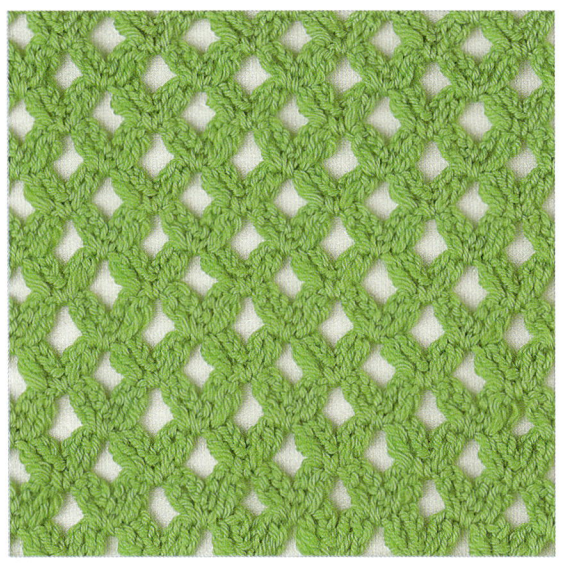

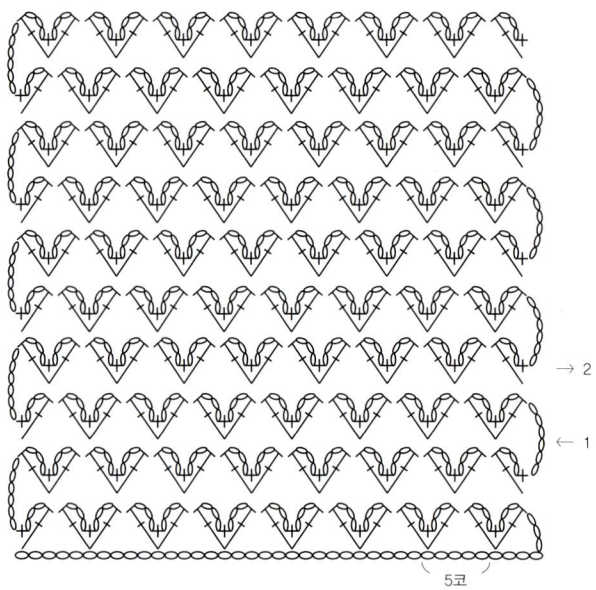

→ 2

← 1

5코

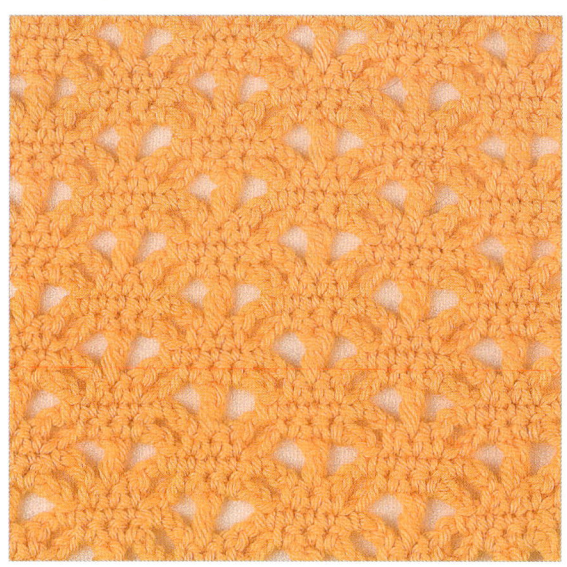

12 · 10코 4단 1무늬

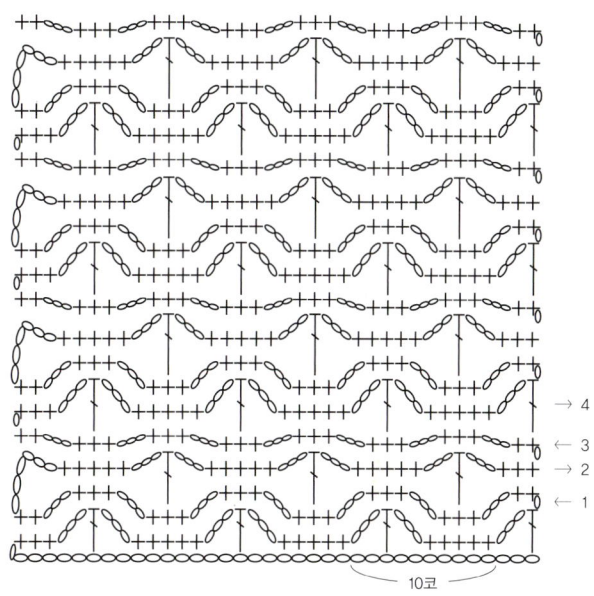

→ 4
← 3
→ 2
← 1

10코

13 20코 12단 1무늬

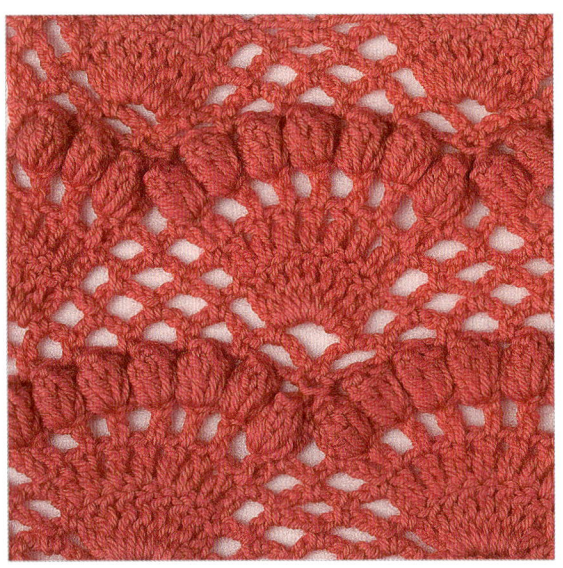
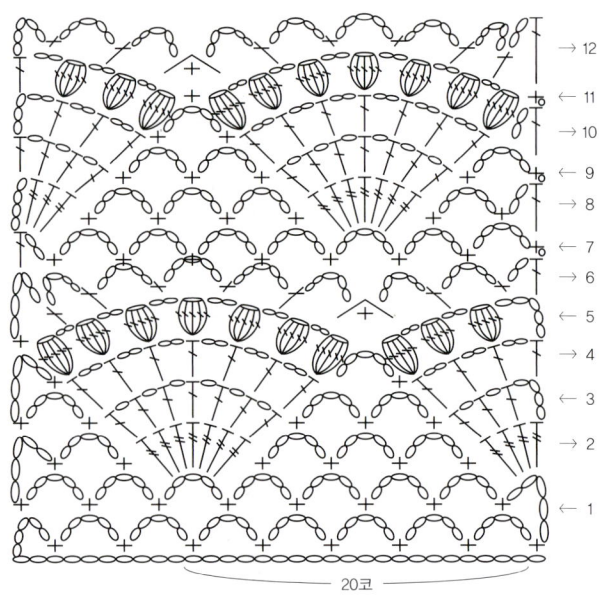
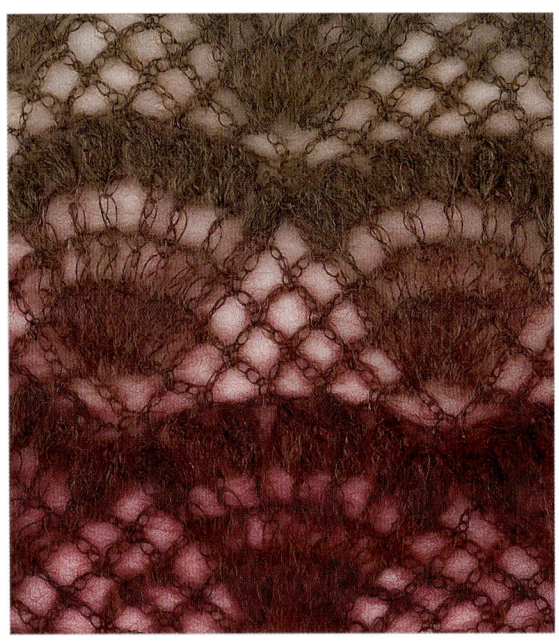

14   5코 4단 1무늬

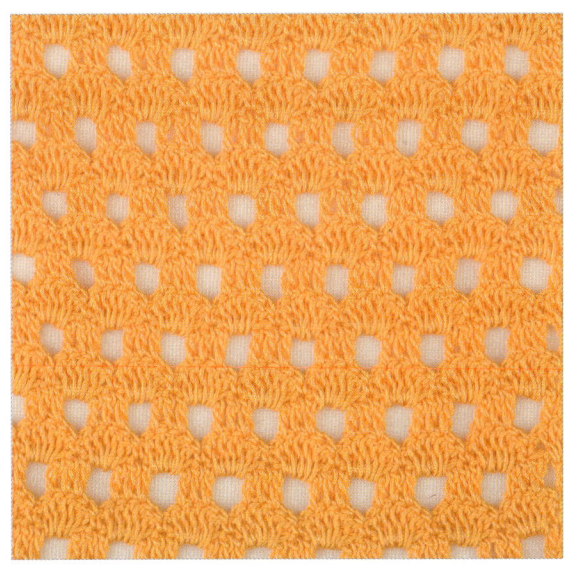

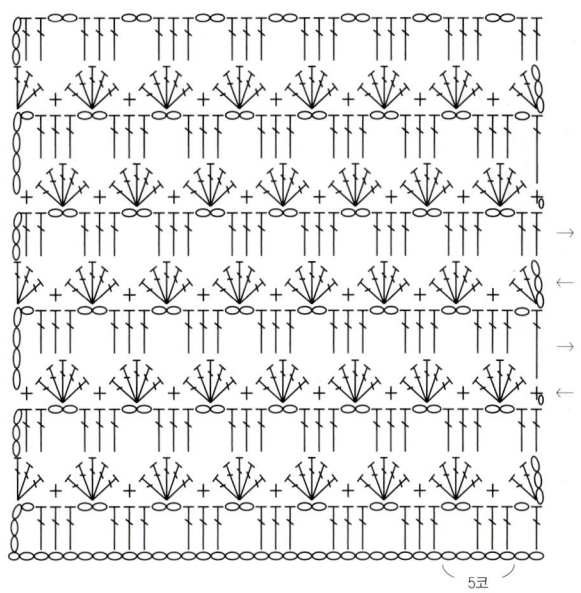

→ 4
← 3
→ 2
← 1

5코

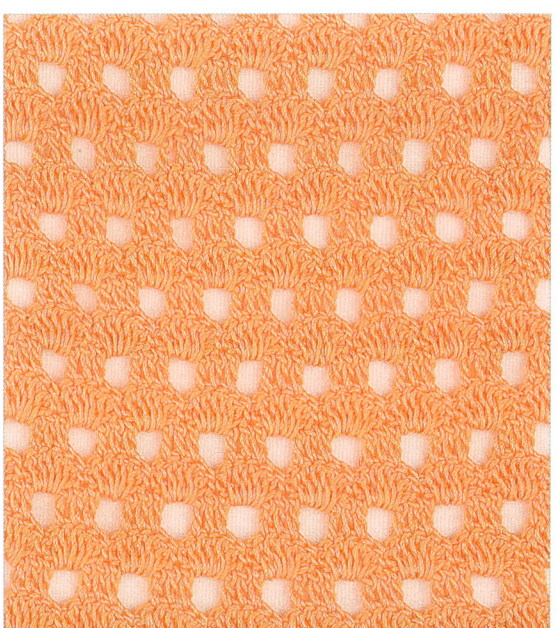

15 4코 2단 1무늬

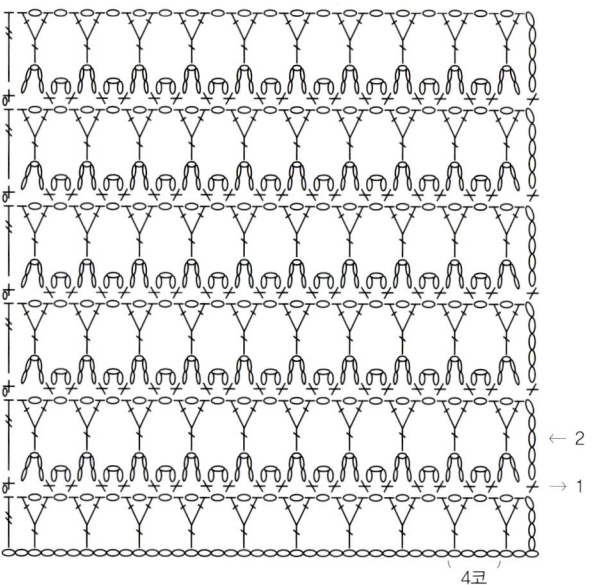

←2
→1

4코

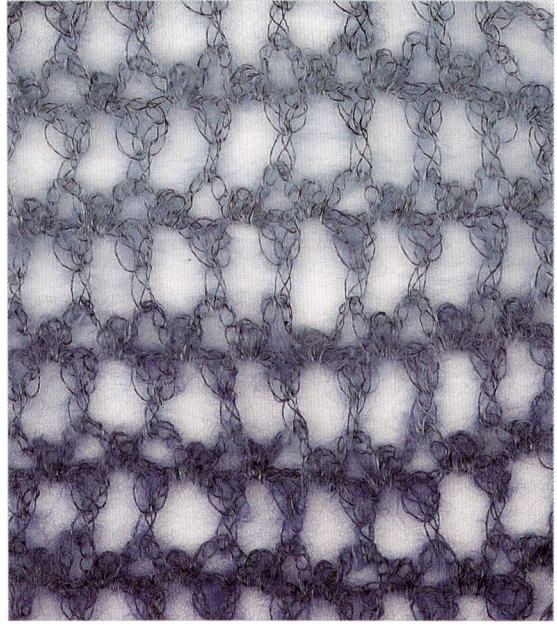

16 16코 16단 1무늬

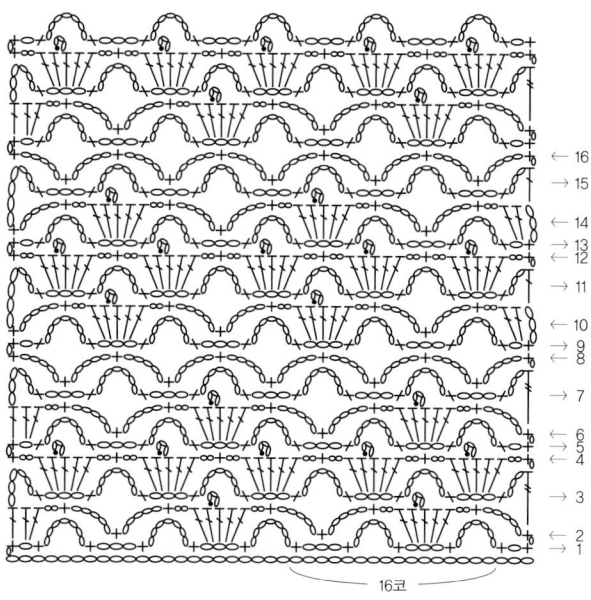

← 16
→ 15
← 14
← 13
← 12
→ 11
← 10
→ 9
← 8
→ 7
← 6
← 5
← 4
→ 3
← 2
→ 1

16코

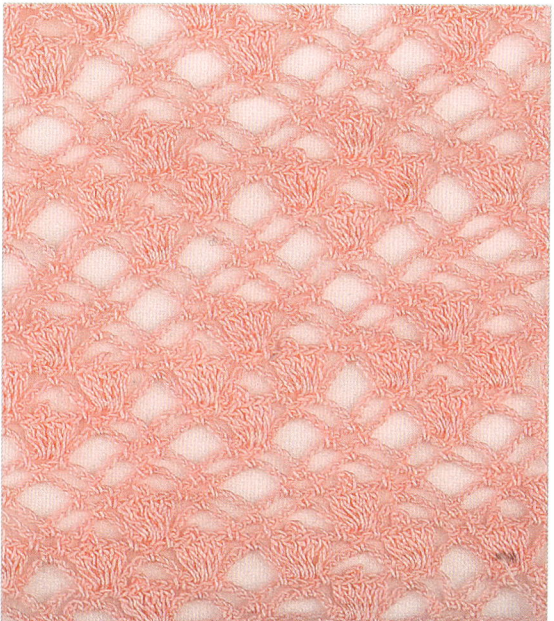

17 10코 4단 1무늬

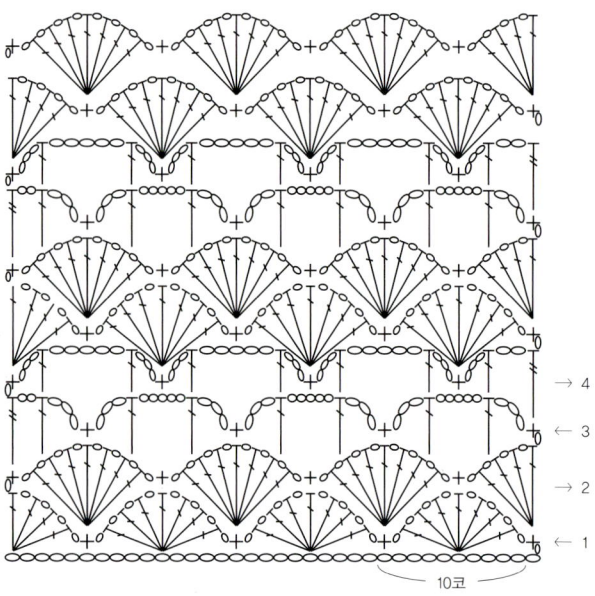

→ 4
← 3
→ 2
← 1

10코

18 6코 2단 1무늬

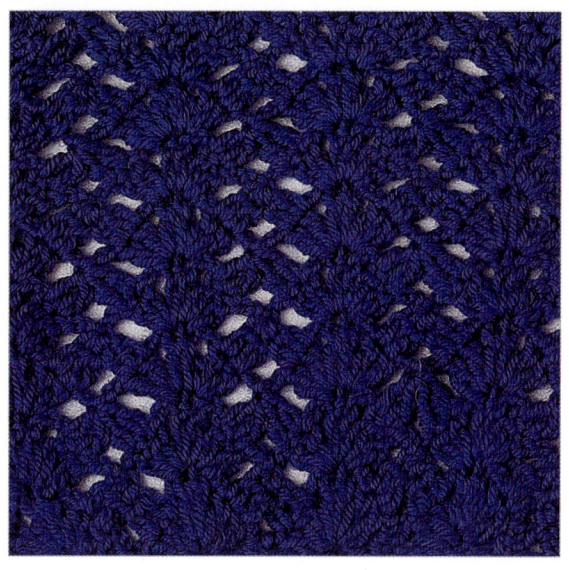

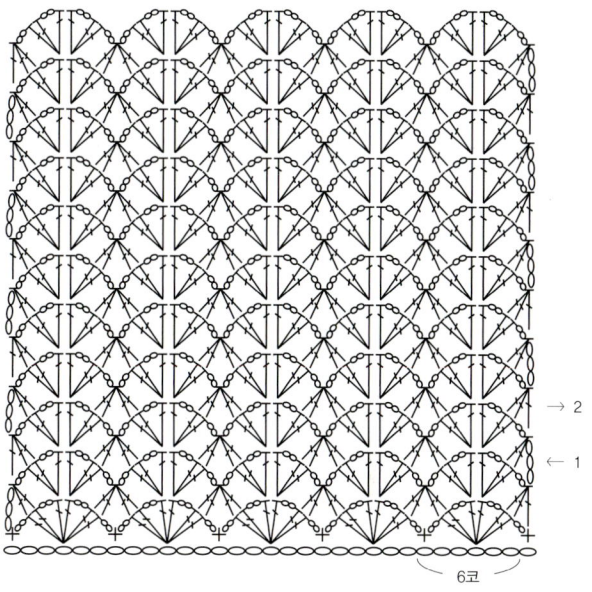

→ 2

← 1

6코

19 8코 4단 1무늬

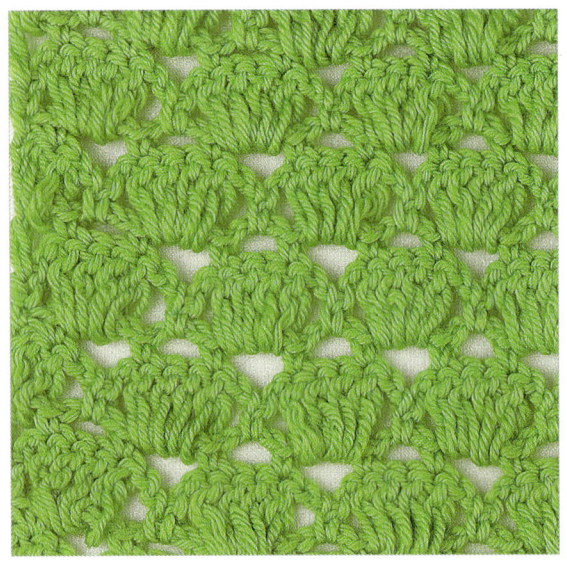

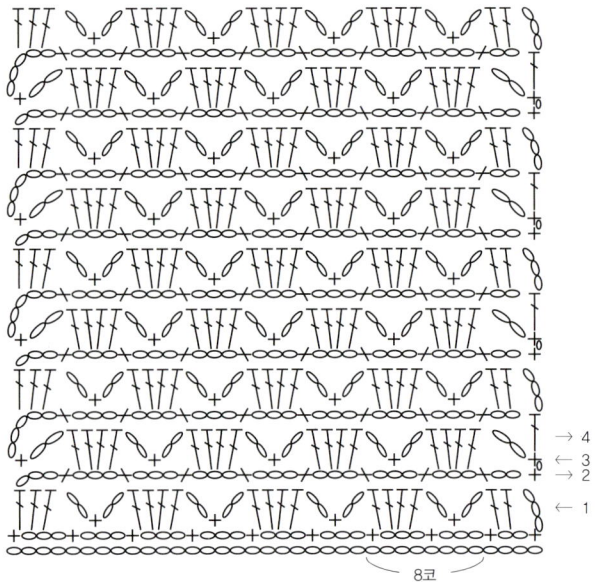

→ 4
← 3
← 2
← 1

8코

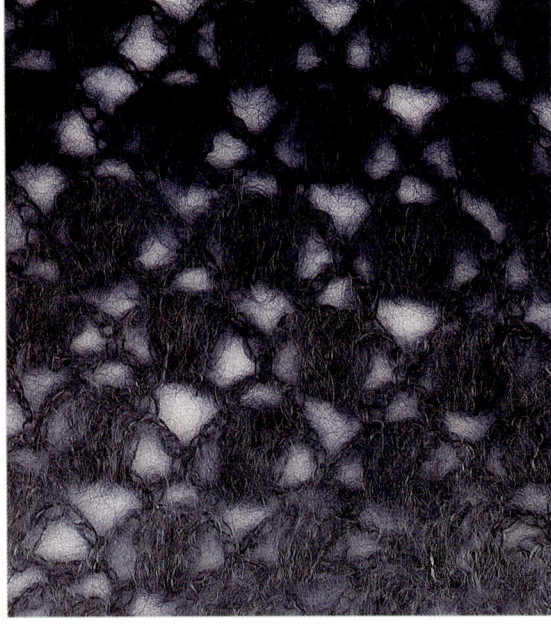

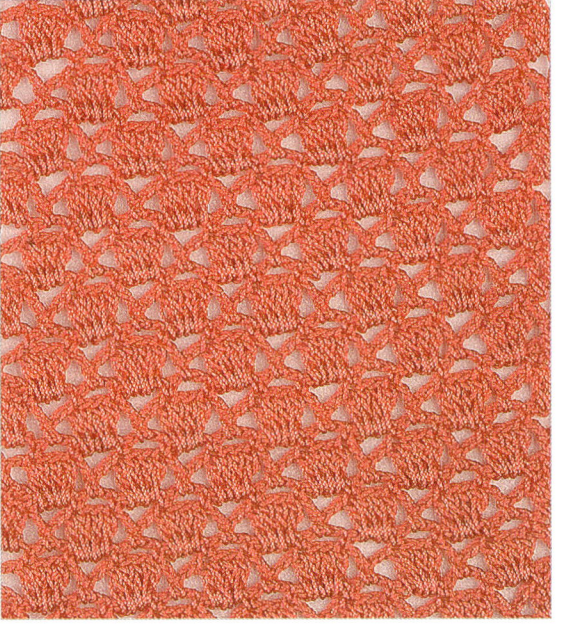

20 5코 4단 1무늬

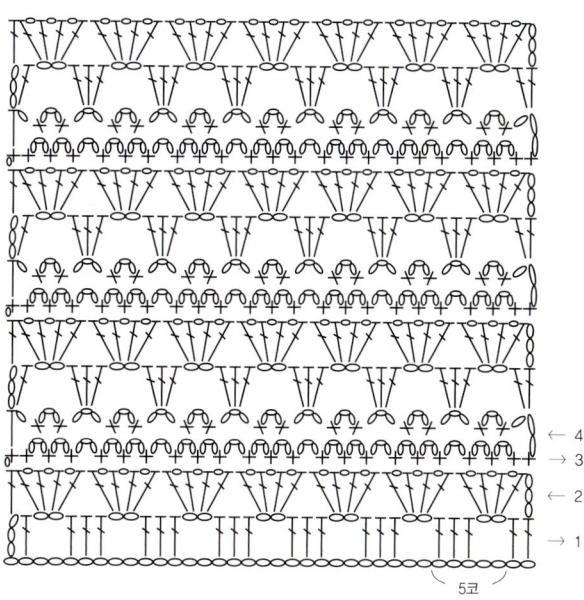

← 4
→ 3
← 2
→ 1

5코

21 5코 2단 1무늬

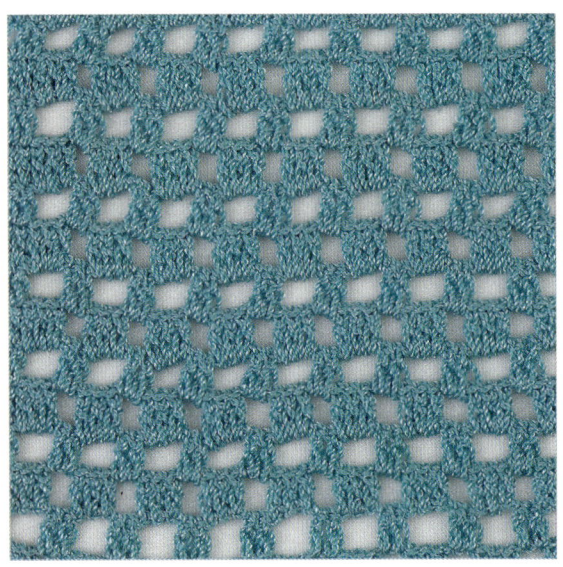

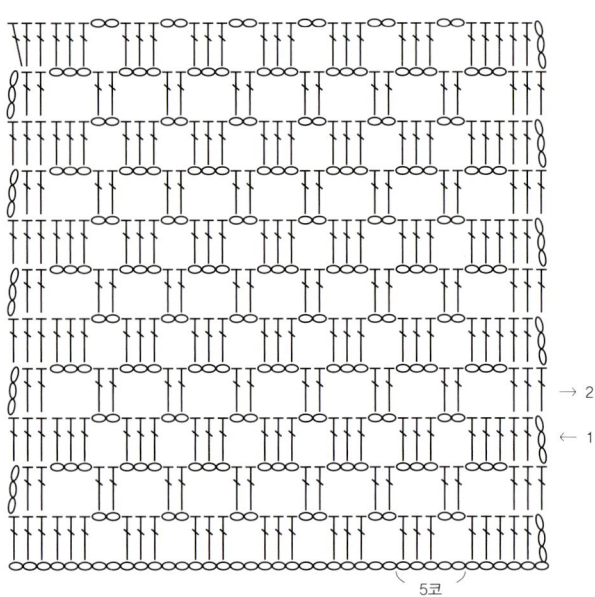

22 3코 14단 1무늬

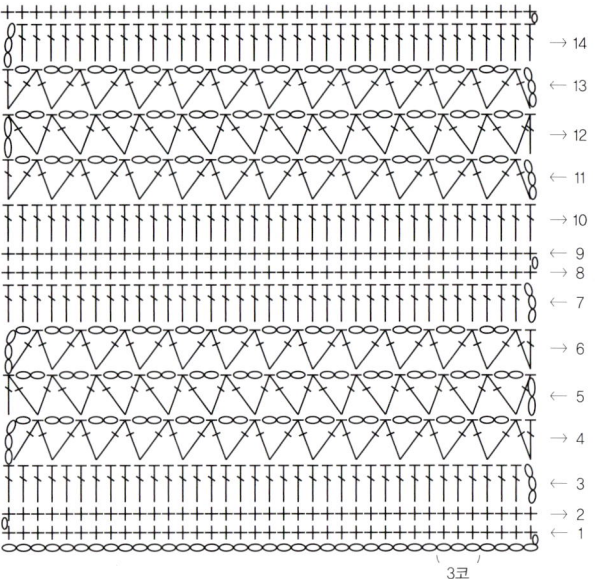

23 28코 14단 1무늬

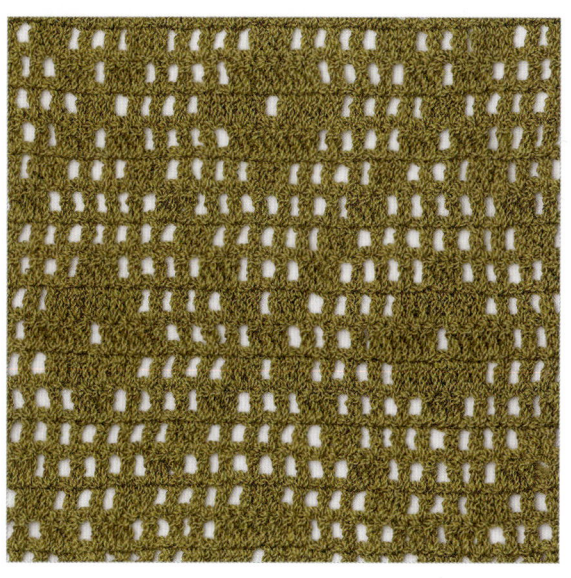

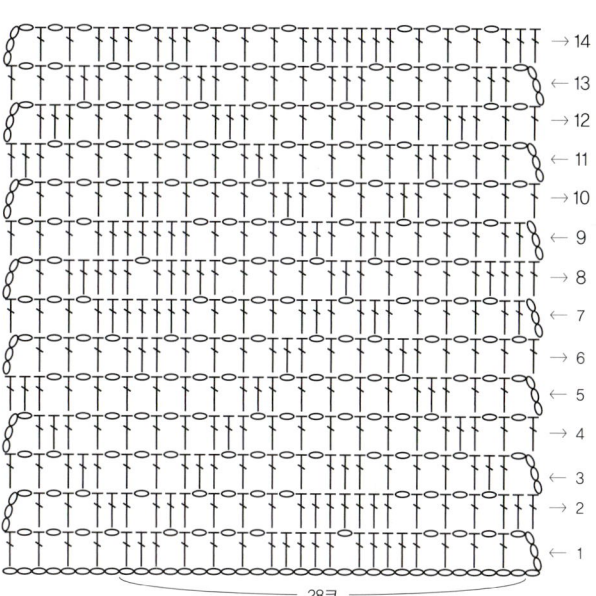

24 42코 6단 1무늬

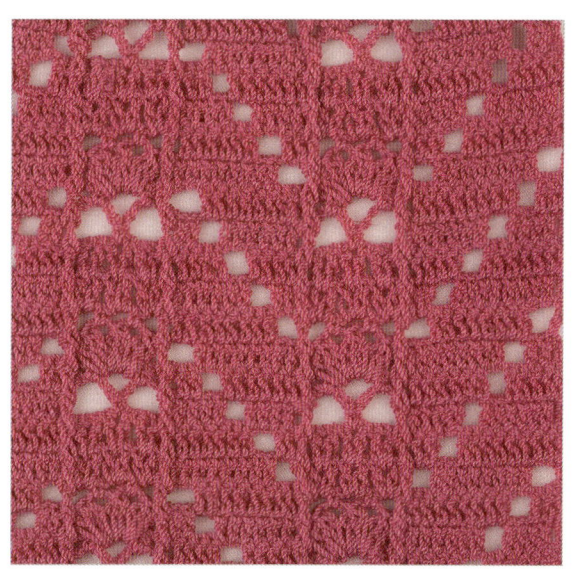

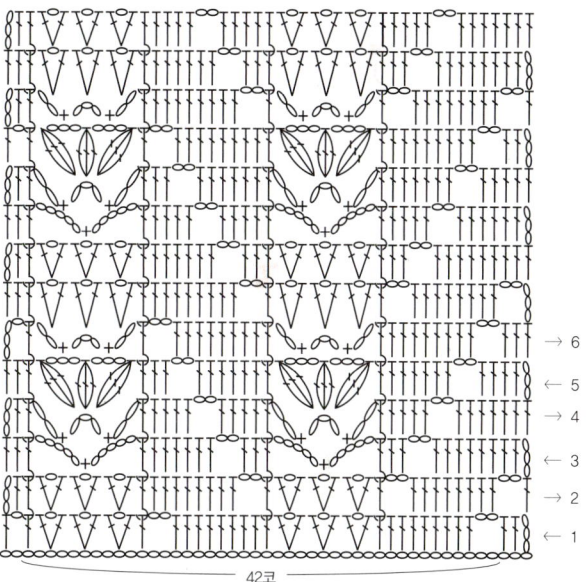

25 39코 12단 1무늬

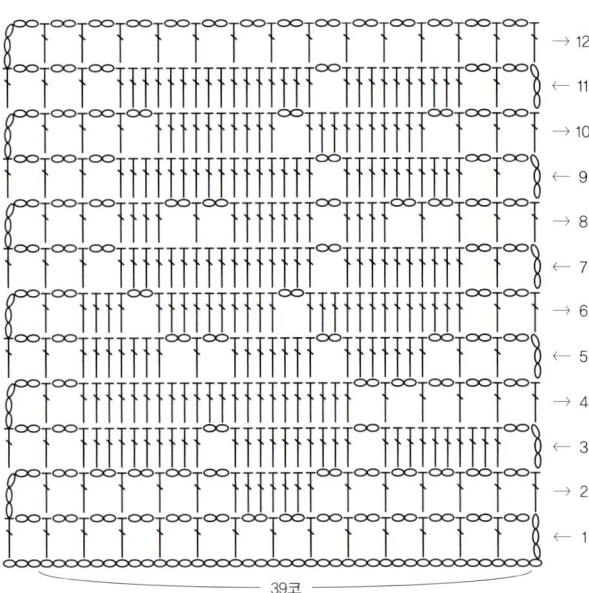

26 30코 10단 1무늬

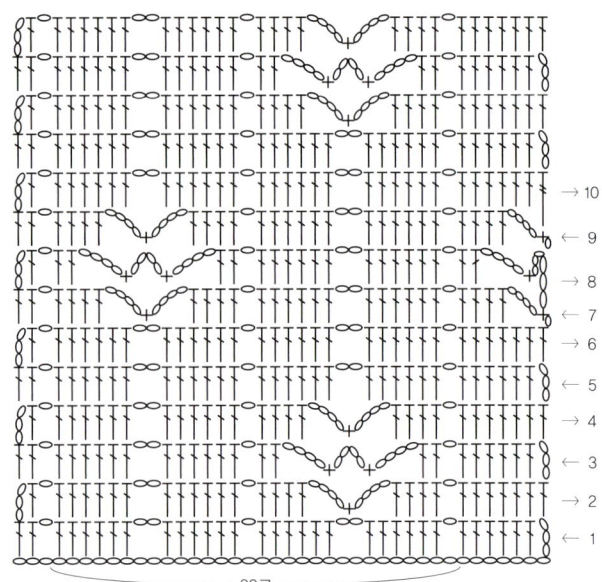

27 26코 12단 1무늬

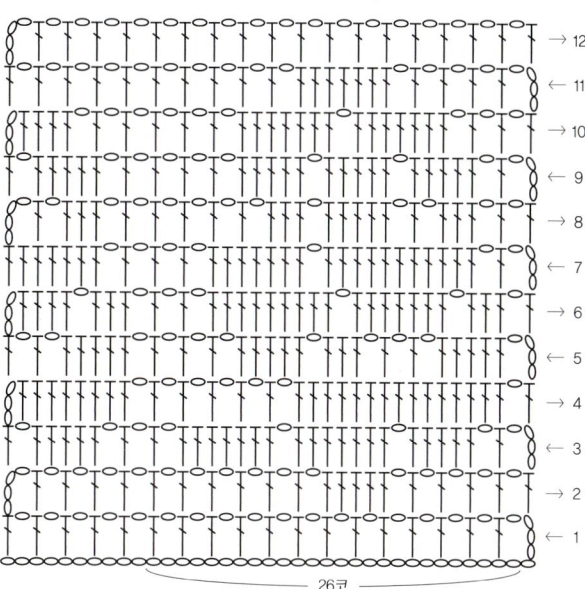

28 10코 4단 1무늬

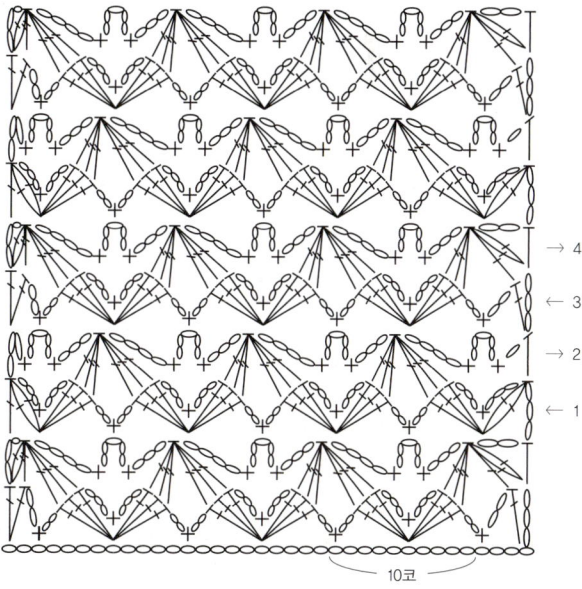

29 · 12코 2단 1무늬

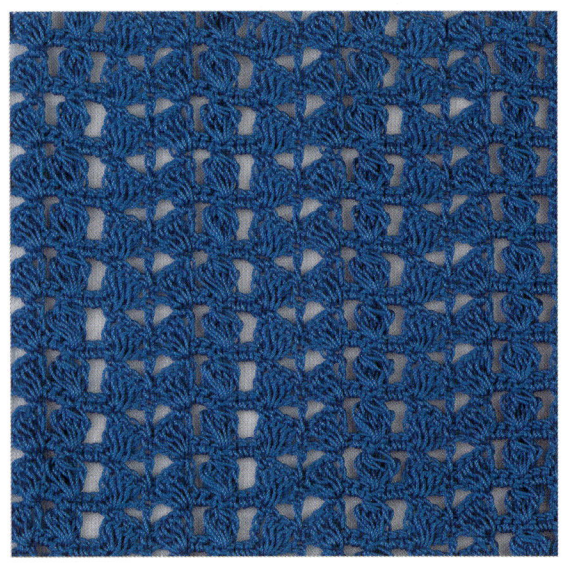

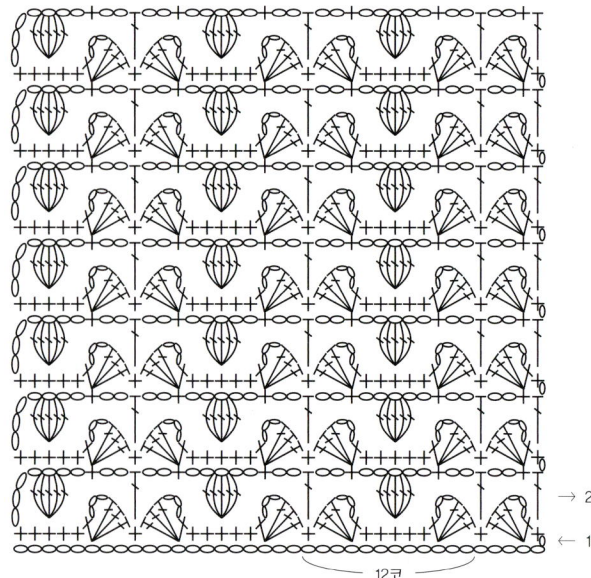

→ 2
← 1

12코

30 · 10코 4단 1무늬

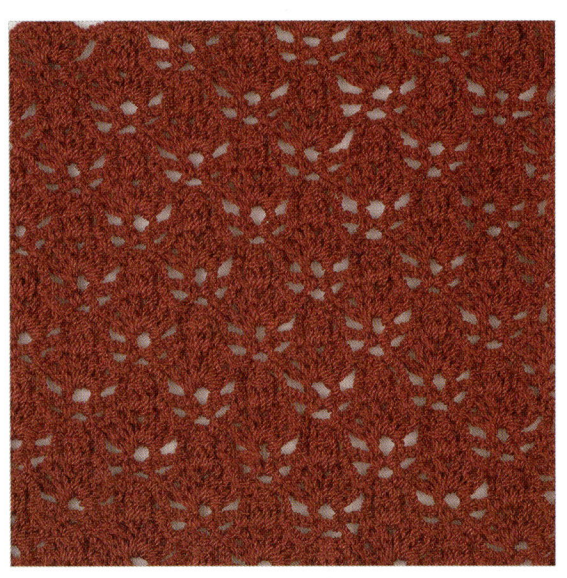

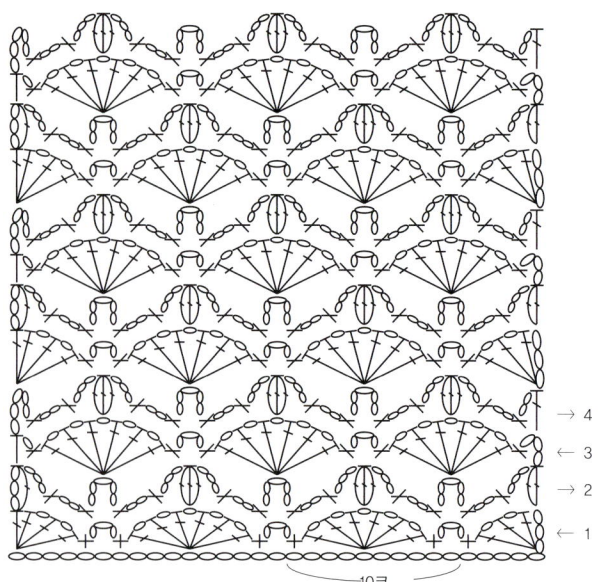

→ 4
← 3
→ 2
← 1

10코

31 12코 10단 1무늬

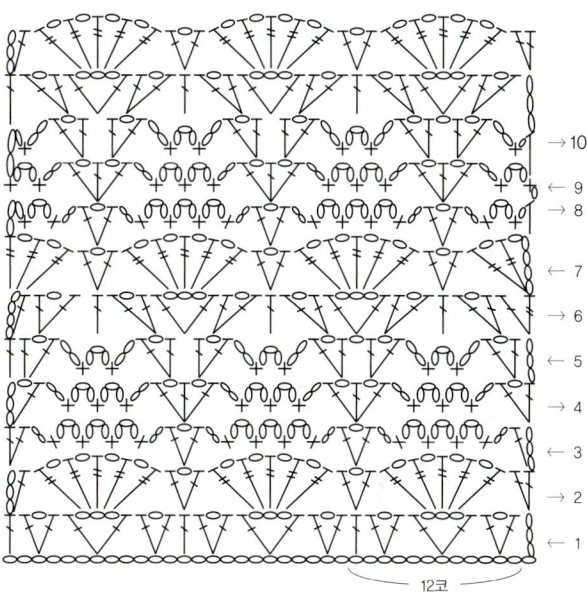

32 16코 10단 1무늬

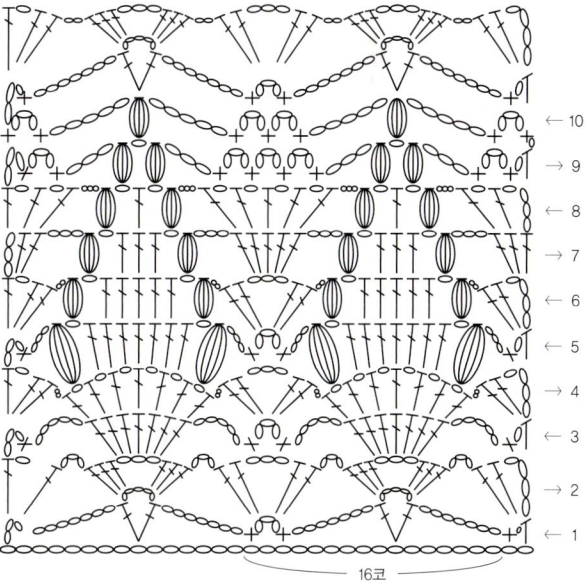

33 14코 6단 1무늬

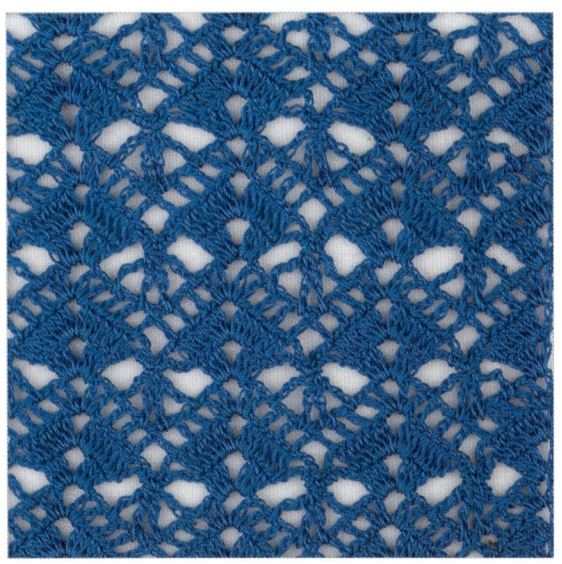

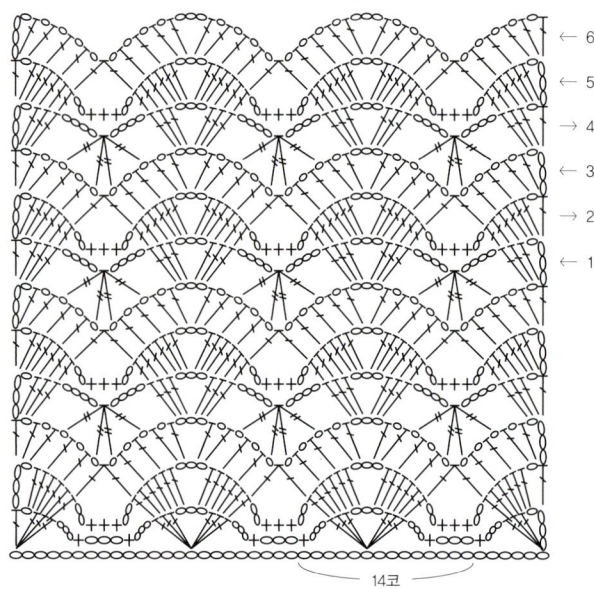

34 4코 4단 1무늬

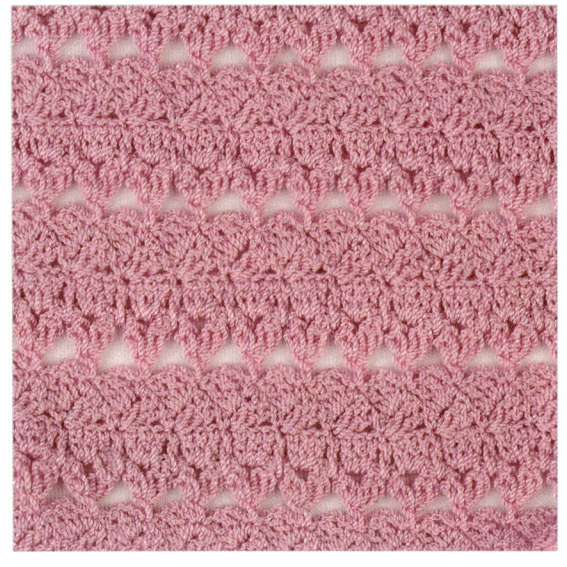

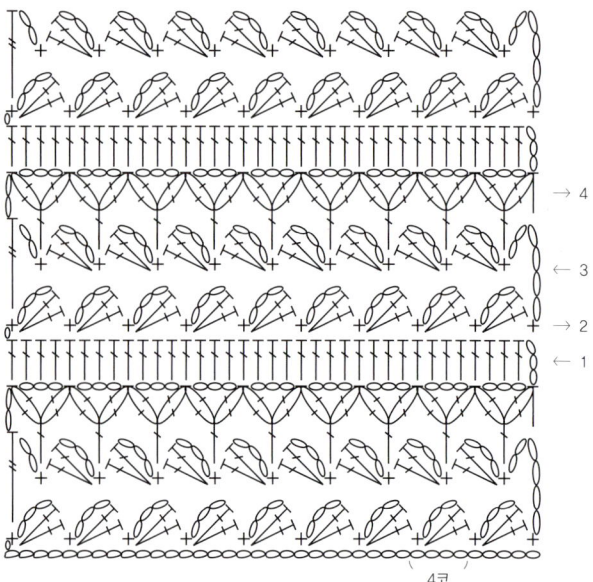

35 10코 16단 1무늬

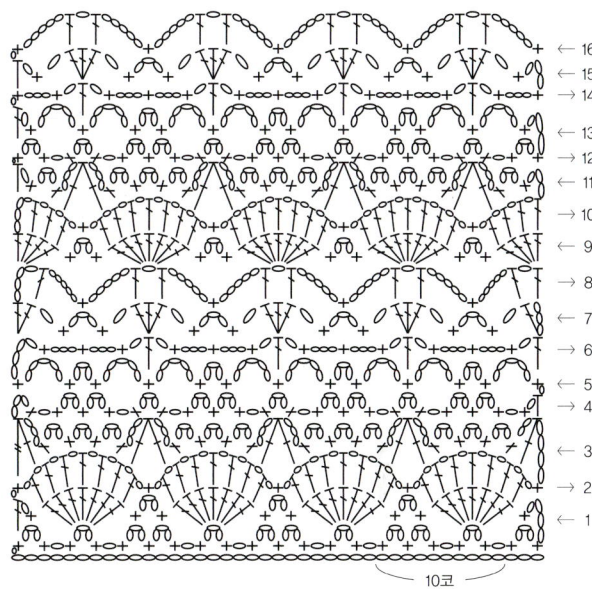

36 10코 6단 1무늬

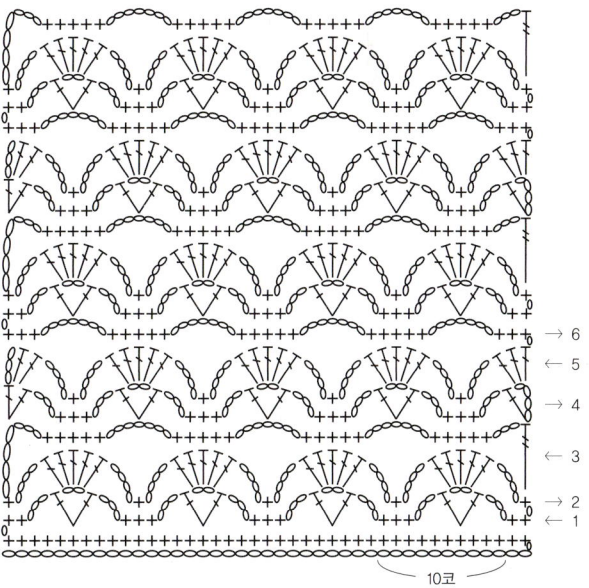

37 18코 10단 1무늬

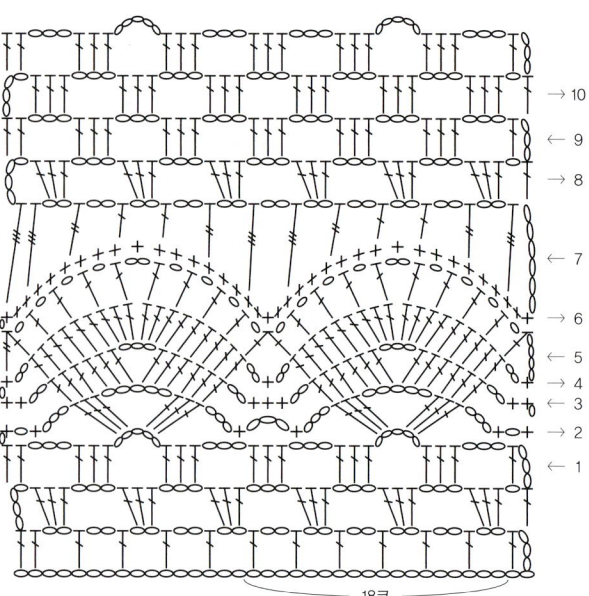

38 14코 4단 1무늬

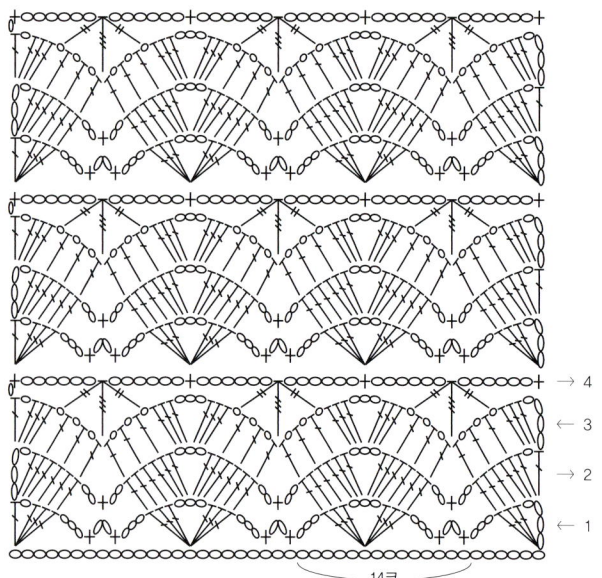

39 24코 16단 1무늬

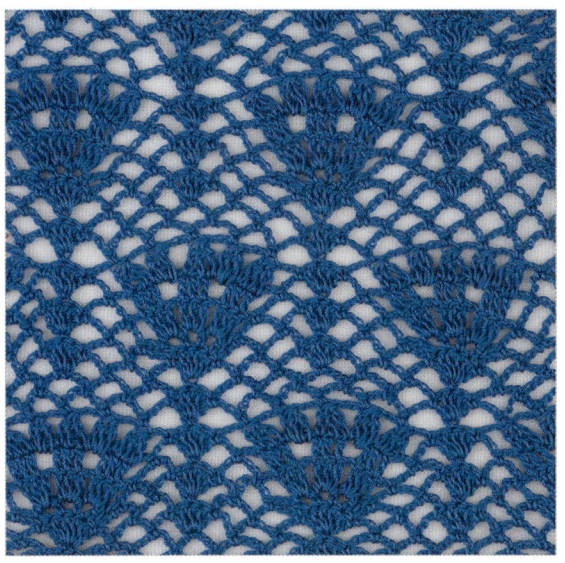

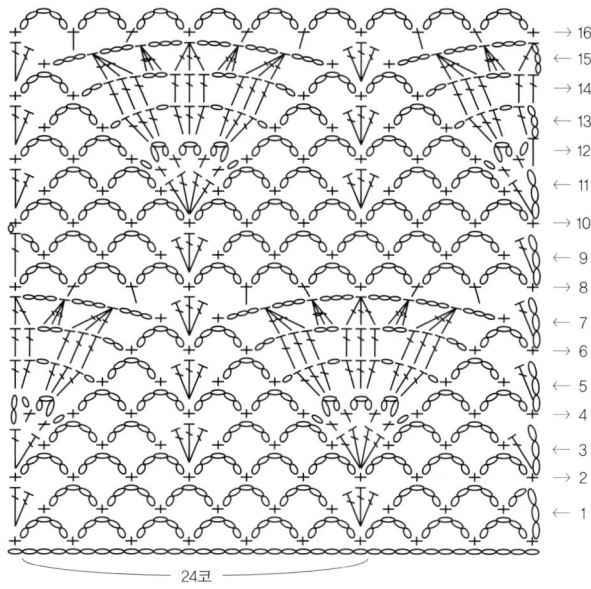

40 21코 12단 1무늬

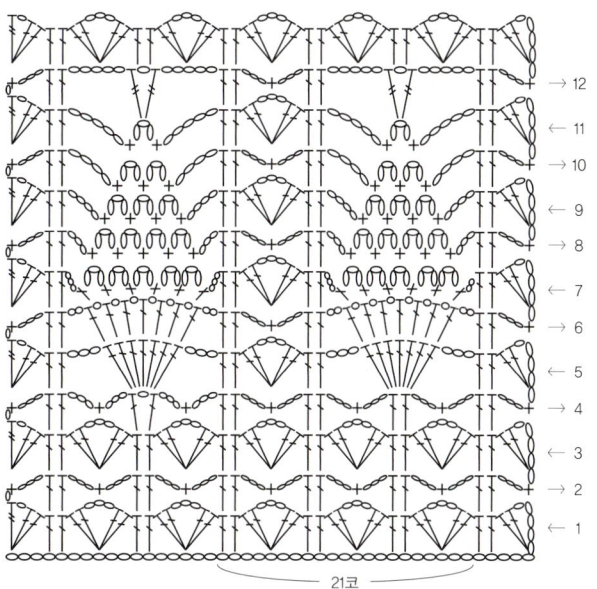

41 12코 4단 1무늬

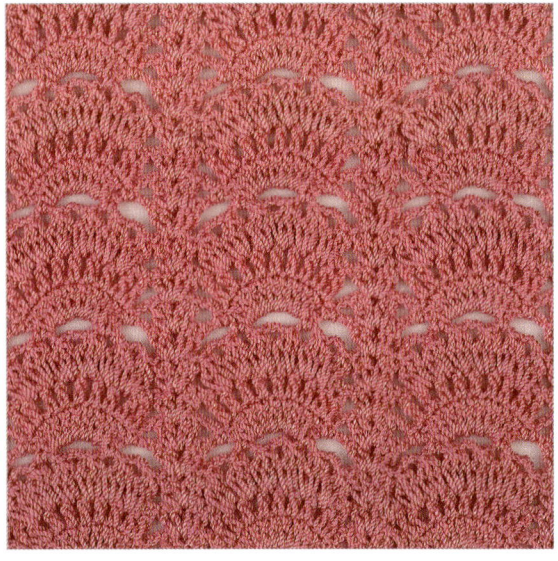
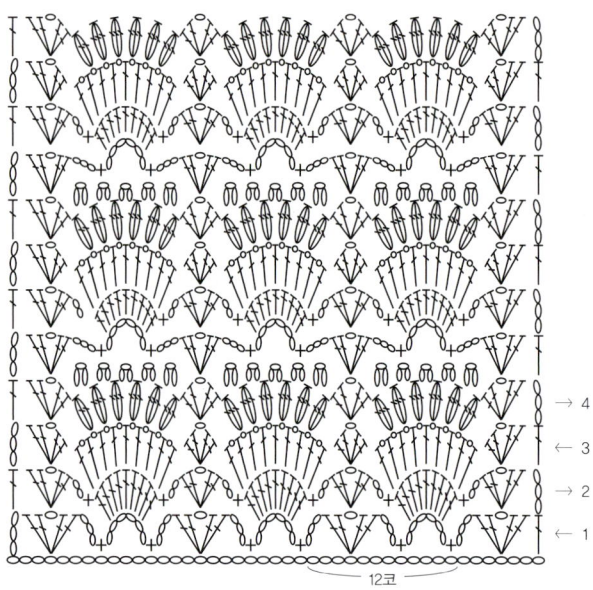

→ 4
← 3
→ 2
← 1

12코

42 12코 4단 1무늬

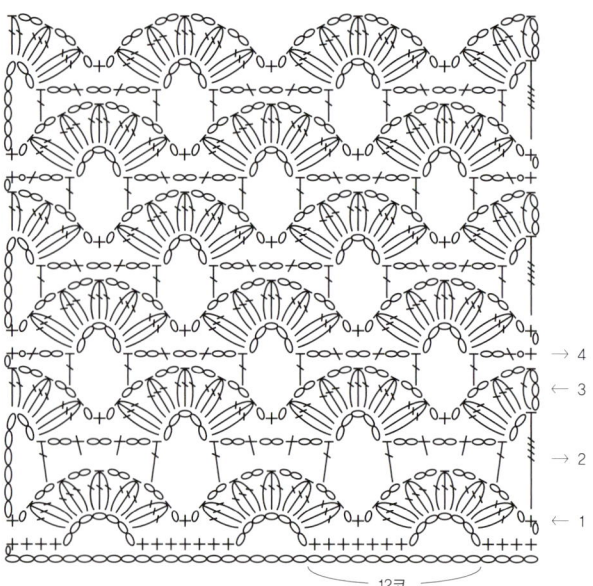

→ 4
← 3
→ 2
← 1

12코

43 12코 4단 1무늬

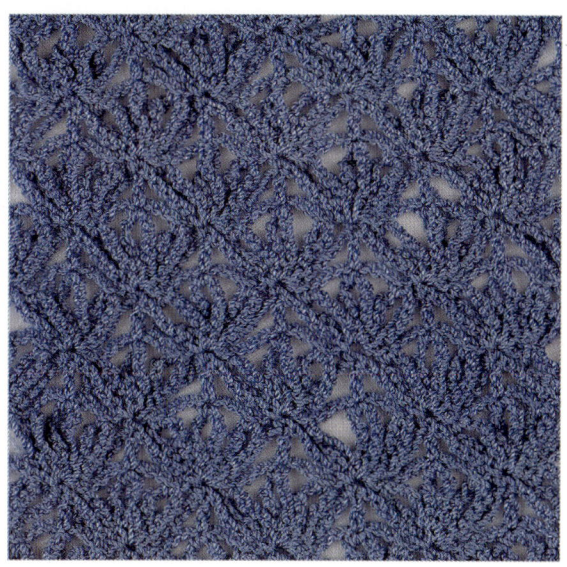

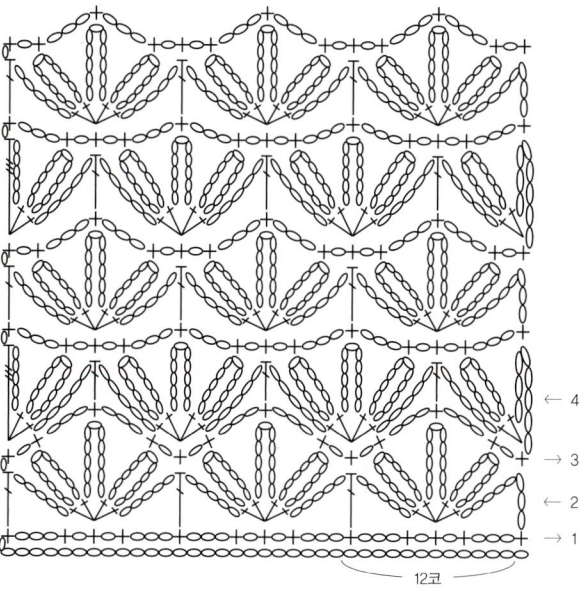

← 4
→ 3
← 2
→ 1

12코

44 4코 4단 1무늬

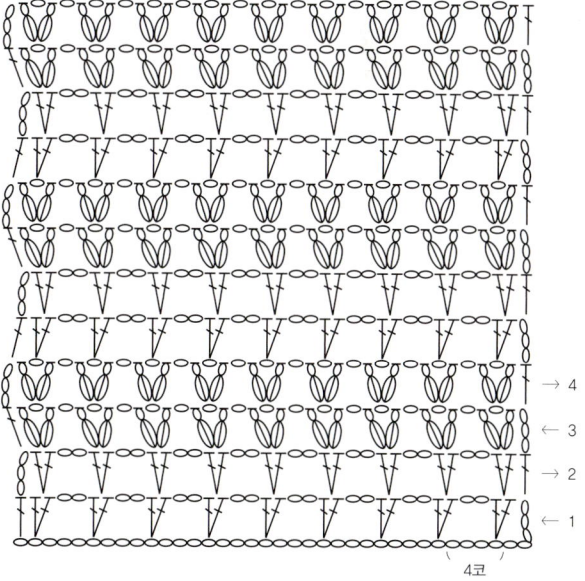

→ 4
← 3
→ 2
← 1

4코

45 20코 10단 1무늬

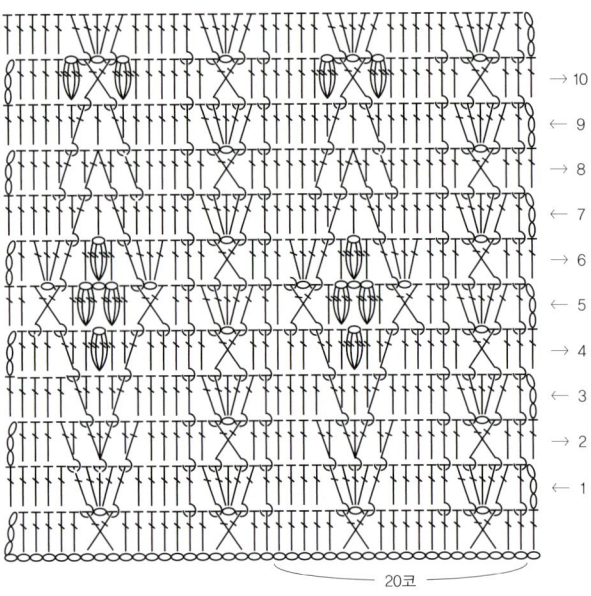

46 12코 2단 1무늬

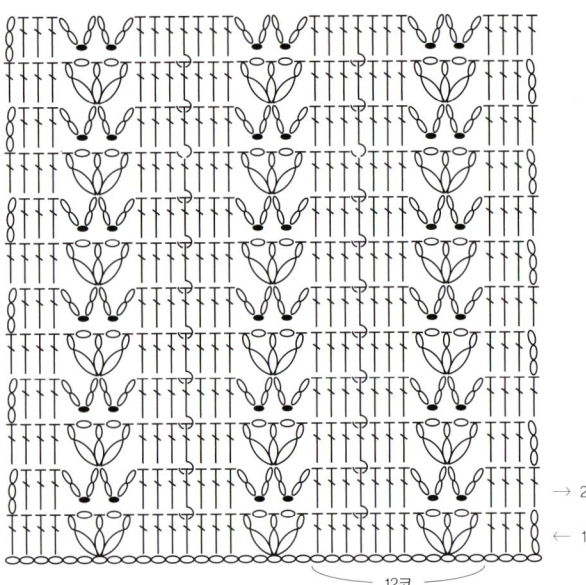

47 6코 4단 1무늬

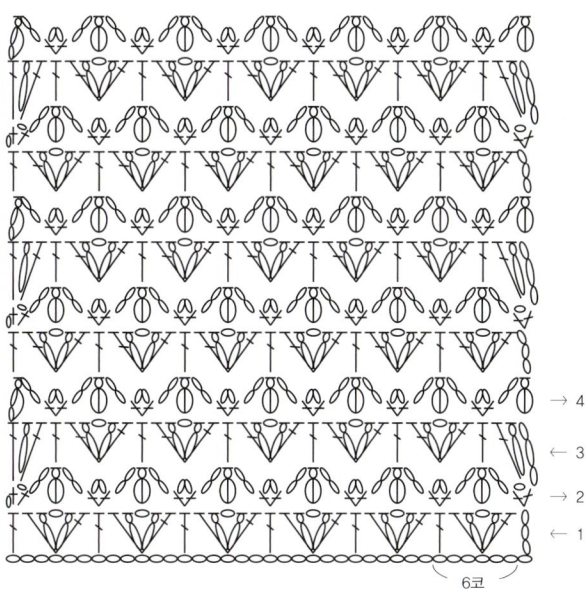

→ 4
← 3
→ 2
← 1

6코

48 12코 4단 1무늬

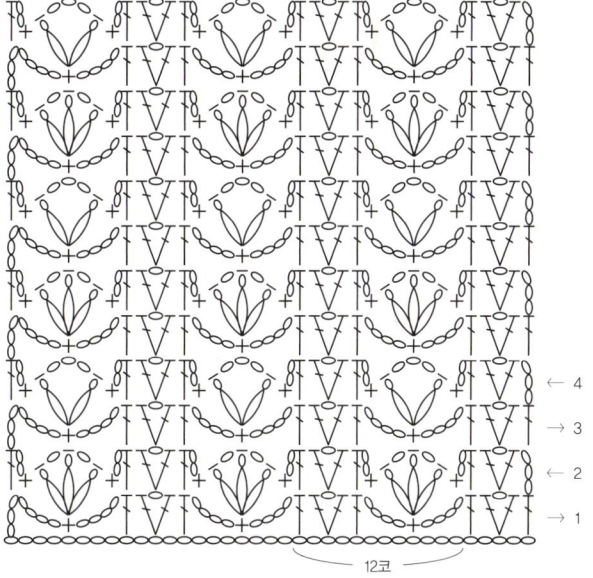

← 4
→ 3
← 2
→ 1

12코

49 22코 4단 1무늬

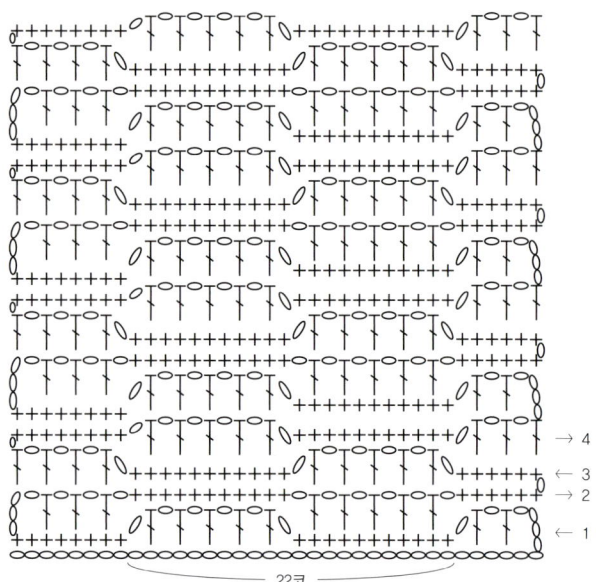

50 16코 10단 1무늬

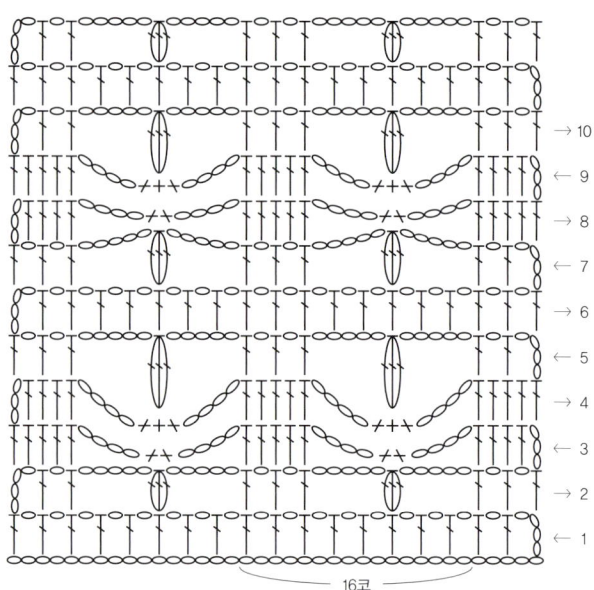

51 8코 4단 1무늬

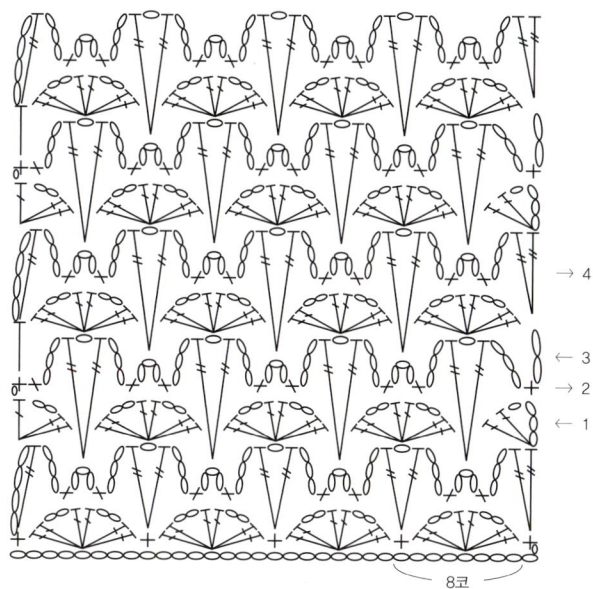

→ 4

← 3
→ 2
← 1

8코

52 12코 5단 1무늬

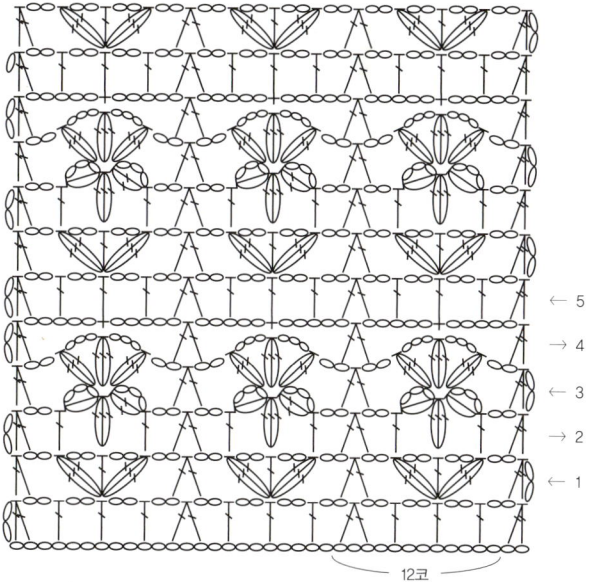

← 5

→ 4

← 3

→ 2

← 1

12코

53 19코 8단 1무늬

54 7코 2단 1무늬

55 6코 2단 1무늬

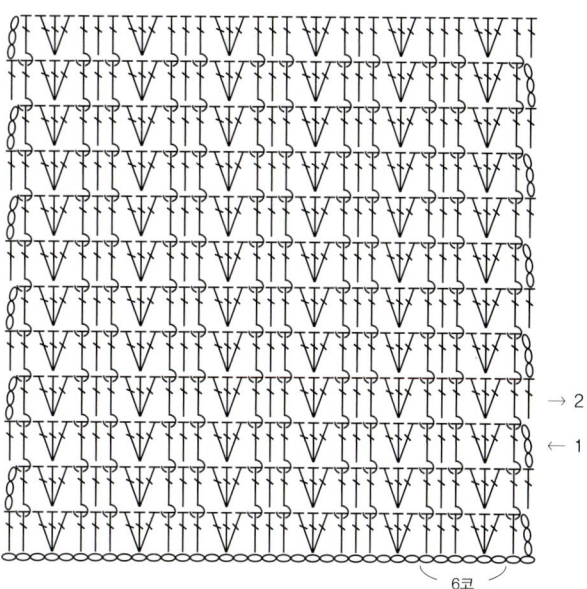

6코

56 18코 10단 1무늬

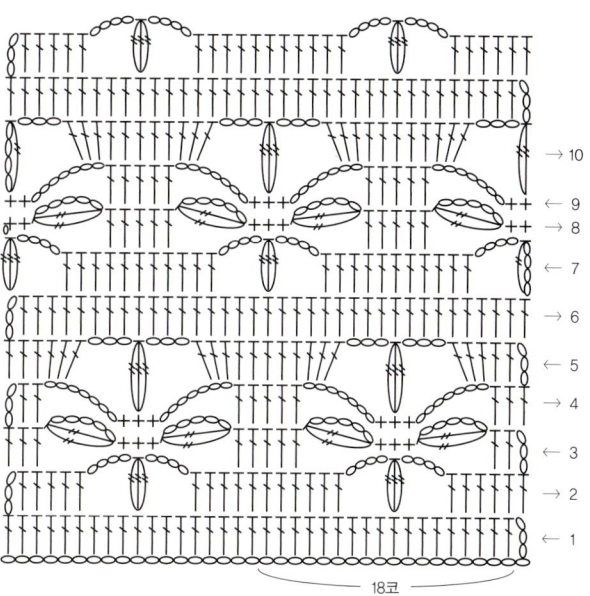

18코

57 8코 2단 1무늬

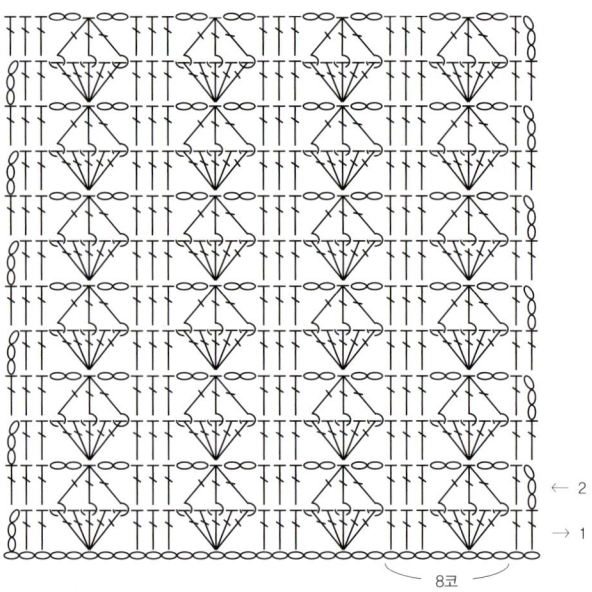

← 2
→ 1

8코

58 12코 4단 1무늬

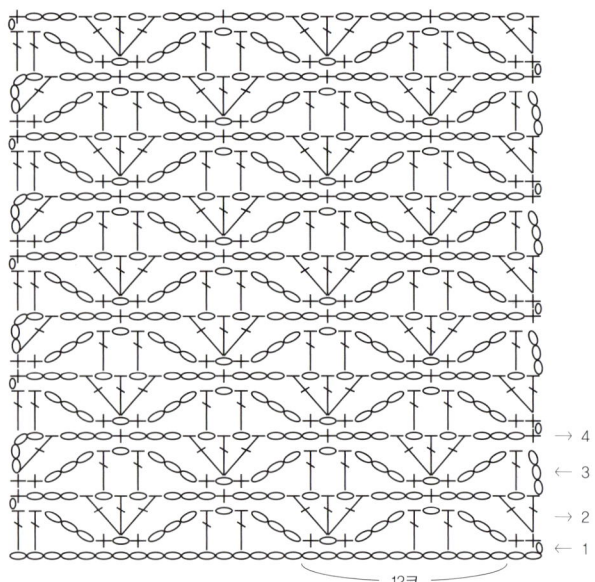

→ 4
← 3
→ 2
← 1

12코

59 14코 4단 1무늬

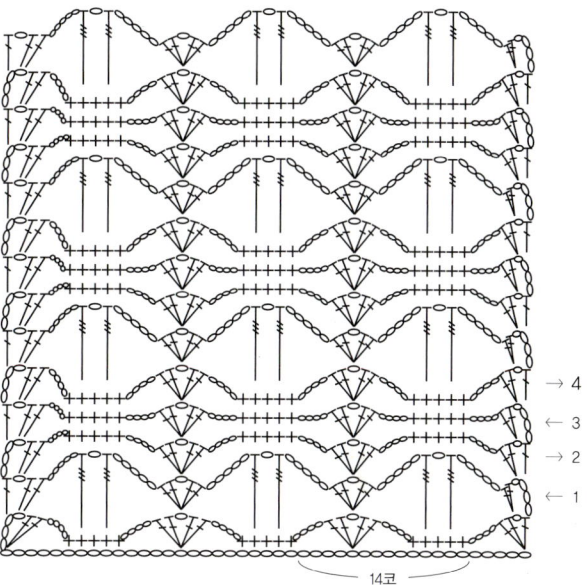

60 24코 8단 1무늬

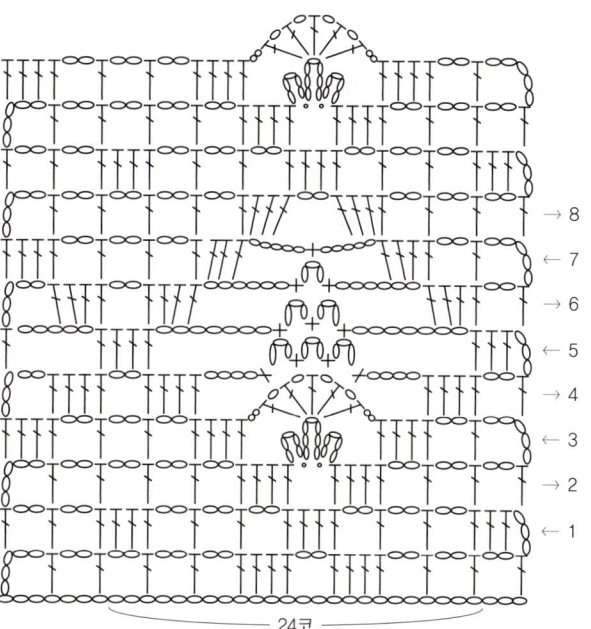

61 18코 14단 1무늬

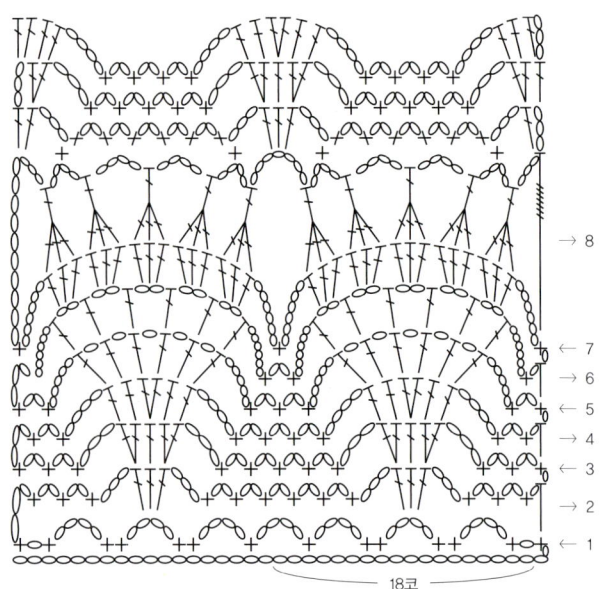

62 5코 6단 1무늬

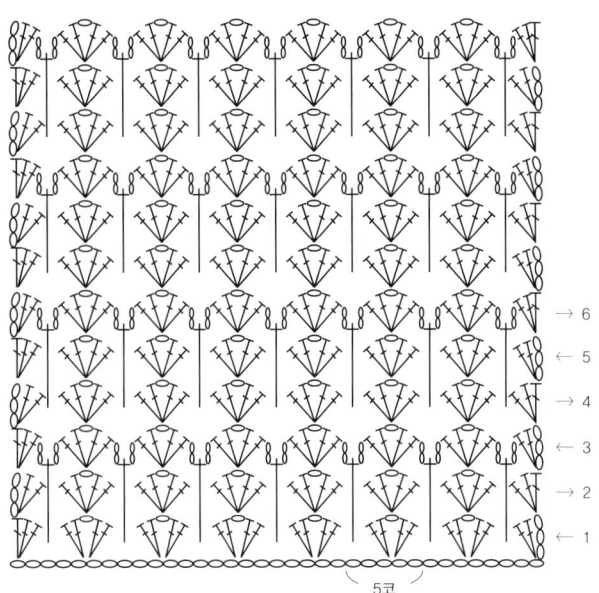

63 6코 2단 1무늬

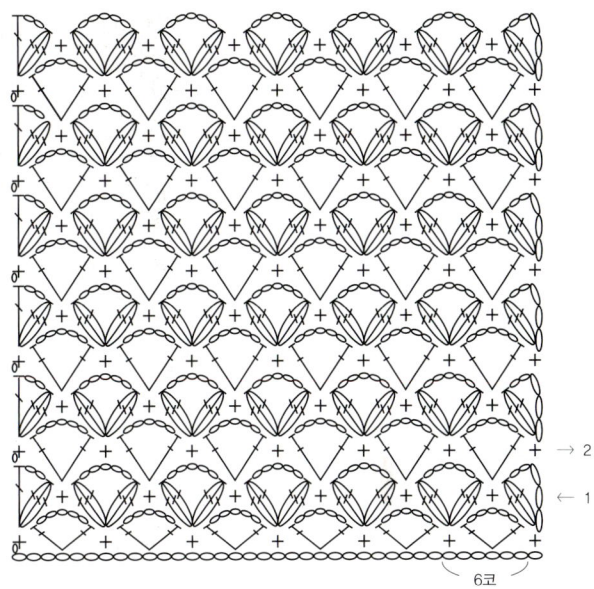

64 11코 4단 1무늬

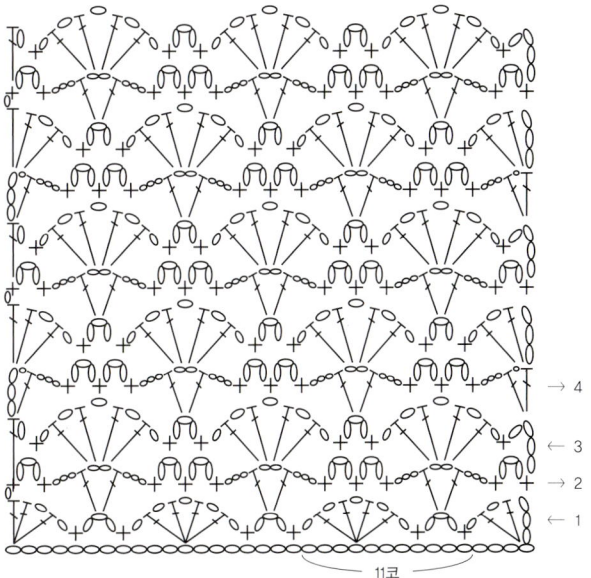

65   8코 10단 1무늬

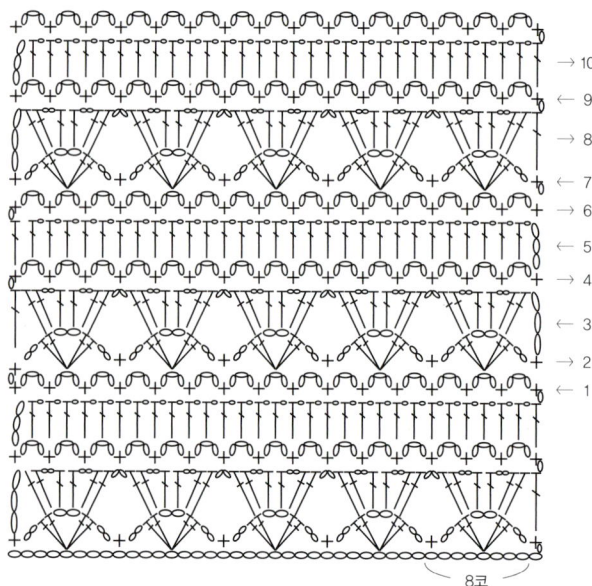

66   18코 6단 1무늬

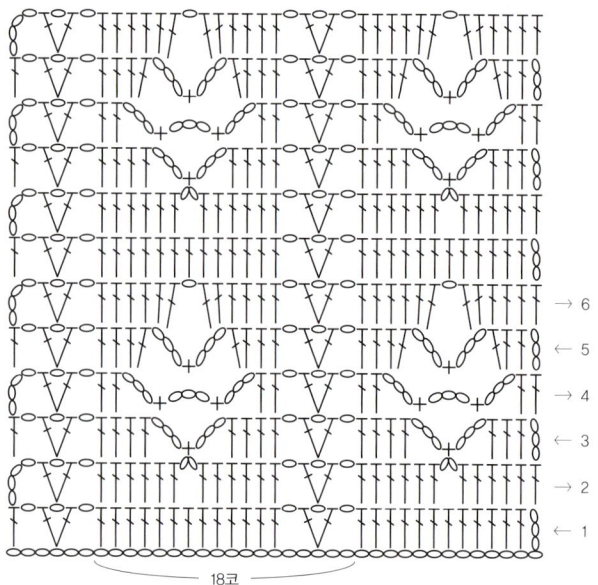

67 11코 2단 1무늬

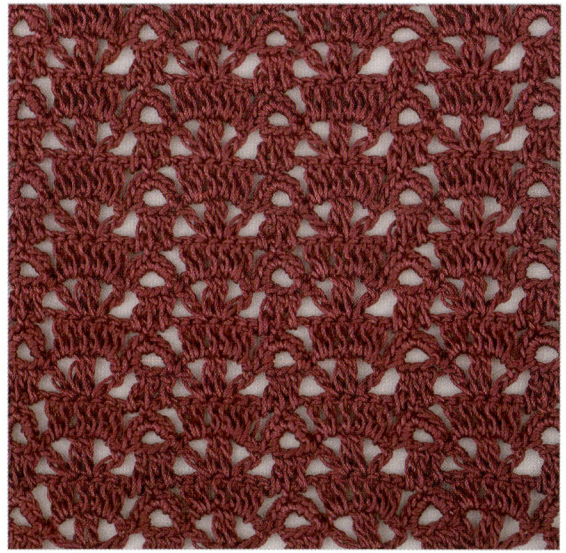

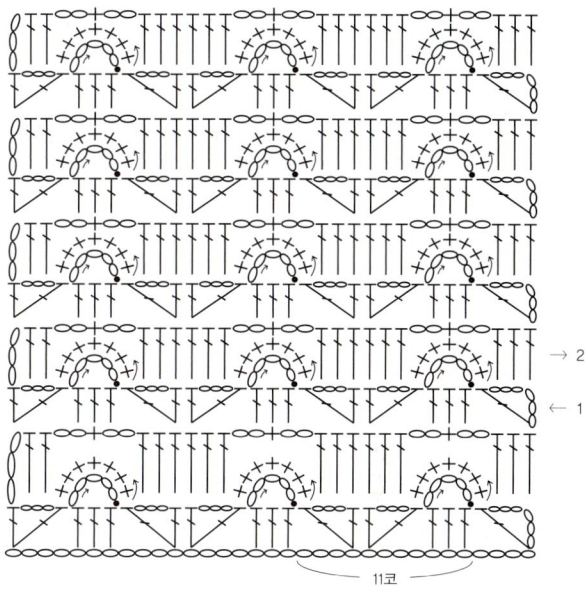

→ 2
← 1

11코

68 13코 4단 1무늬

→ 4
→ 3
→ 2
← 1

13코

69 8코 4단 1무늬

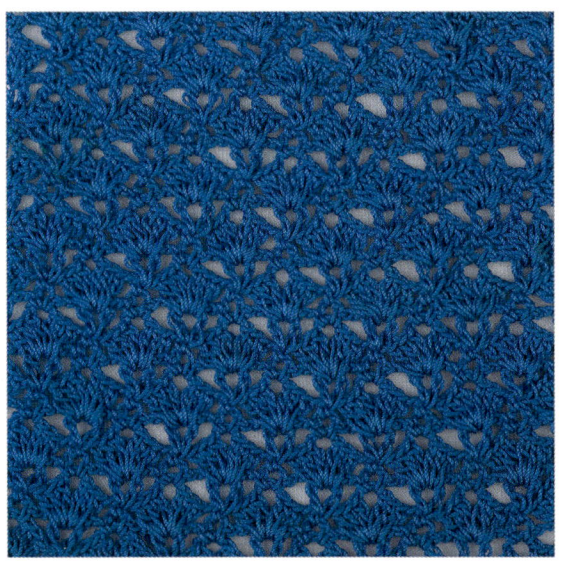

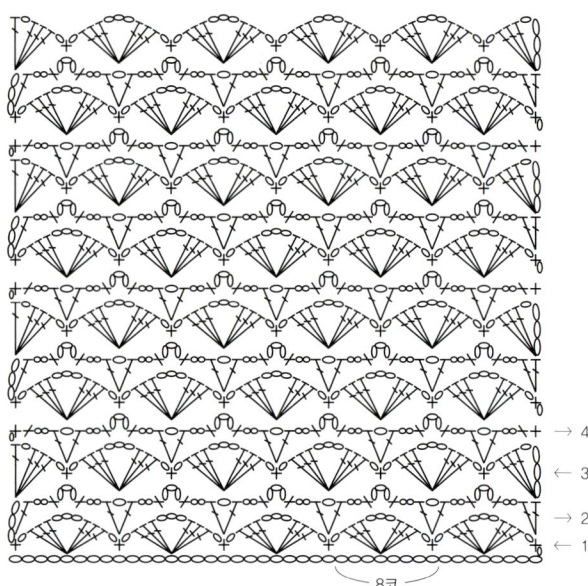

70 14코 10단 1무늬

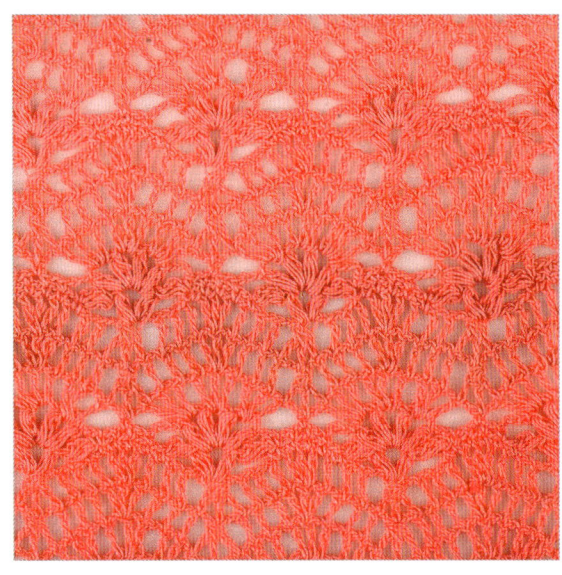

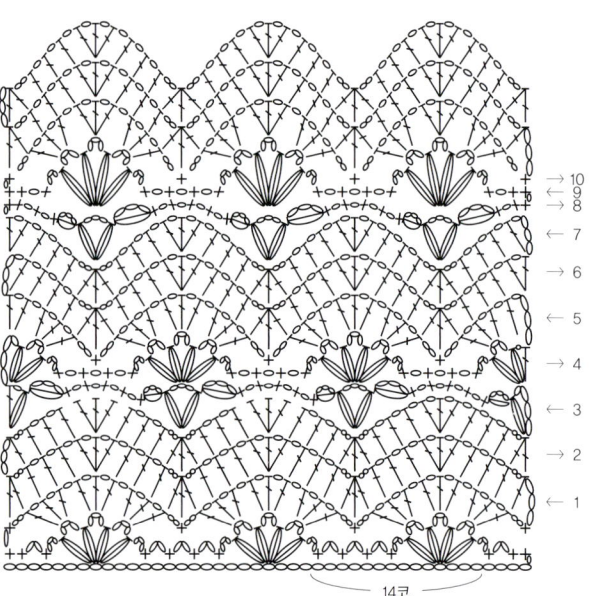

71 10코 6단 1무늬

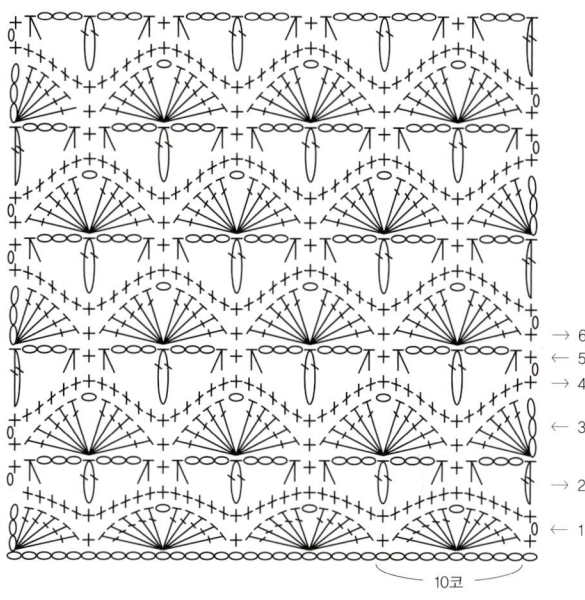

→ 6
← 5
→ 4
→ 3
→ 2
← 1

10코

72 42코 10단 1무늬

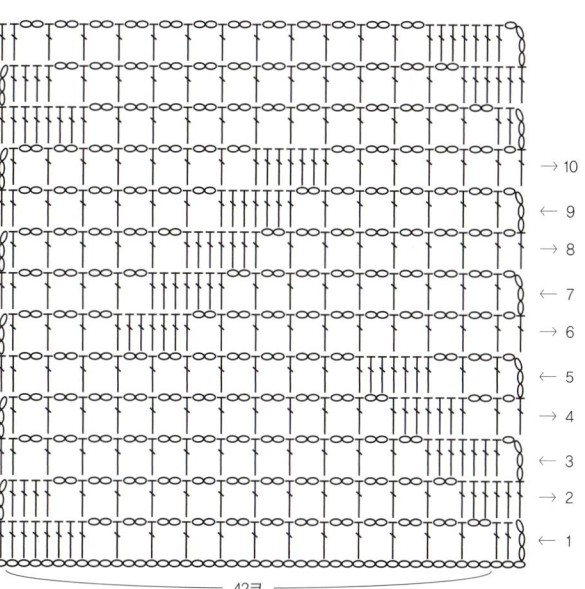

→ 10
← 9
→ 8
← 7
→ 6
← 5
→ 4
← 3
→ 2
← 1

42코

73 13코 2단 1무늬

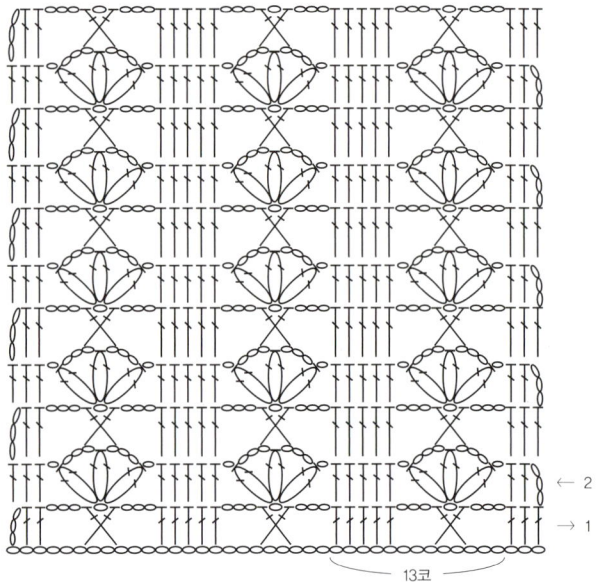

74 4코 4단 1무늬

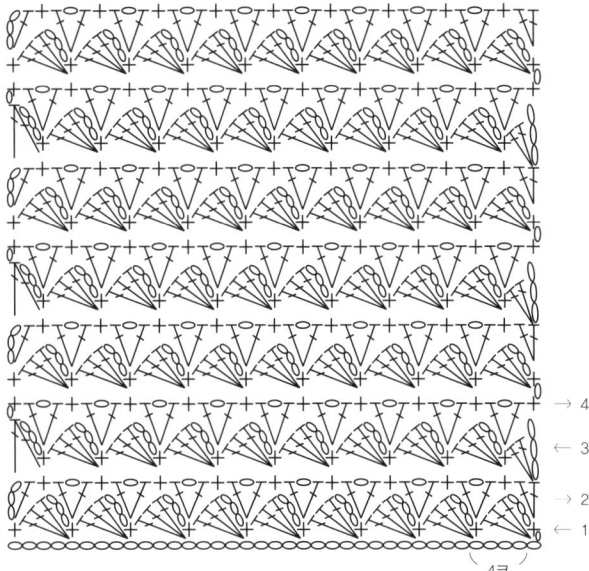

75 8코 2단 1무늬

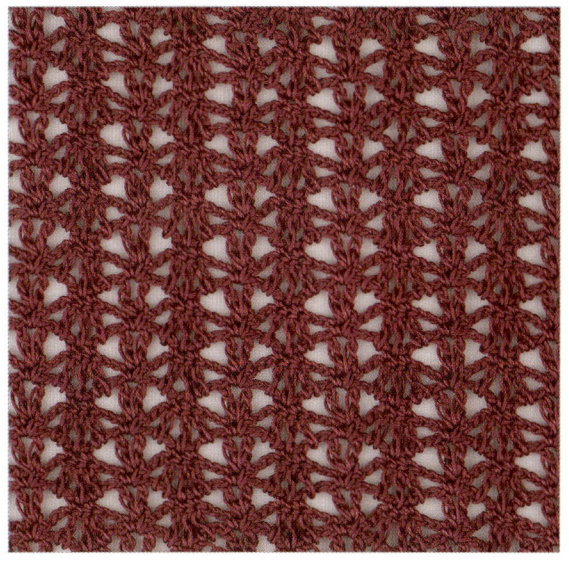

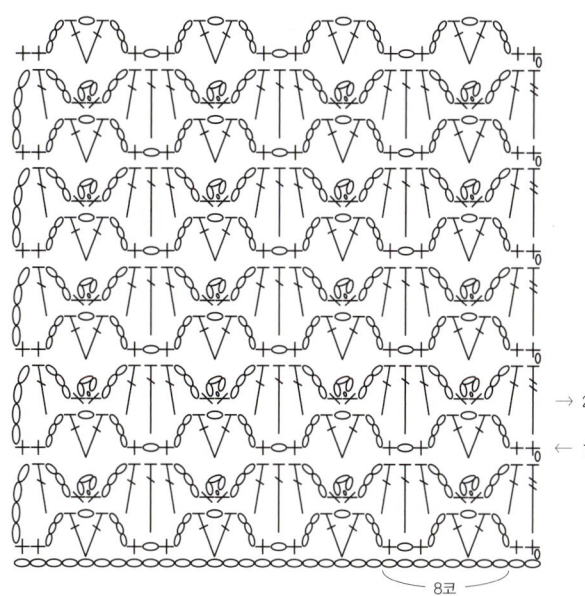

76 12코 8단 1무늬

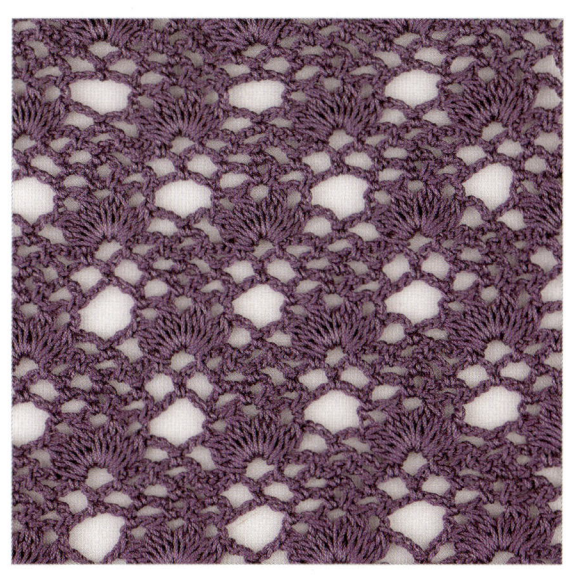

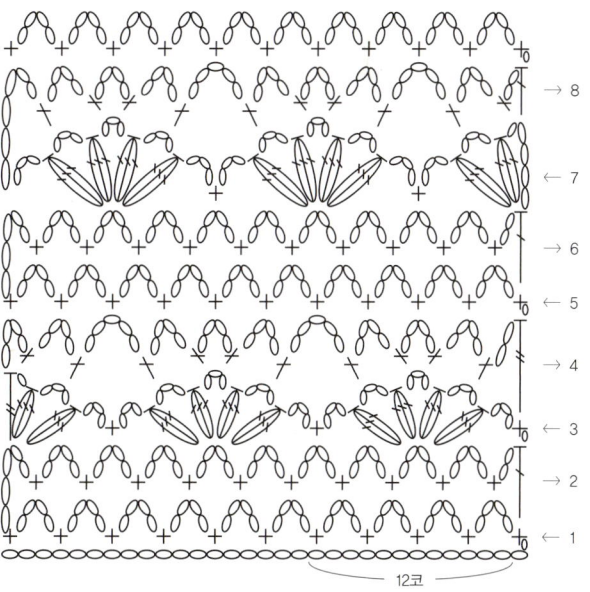

77 12코 6단 1무늬

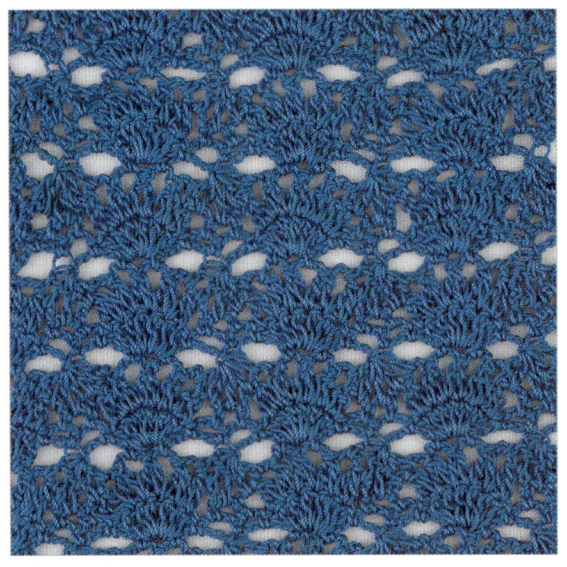

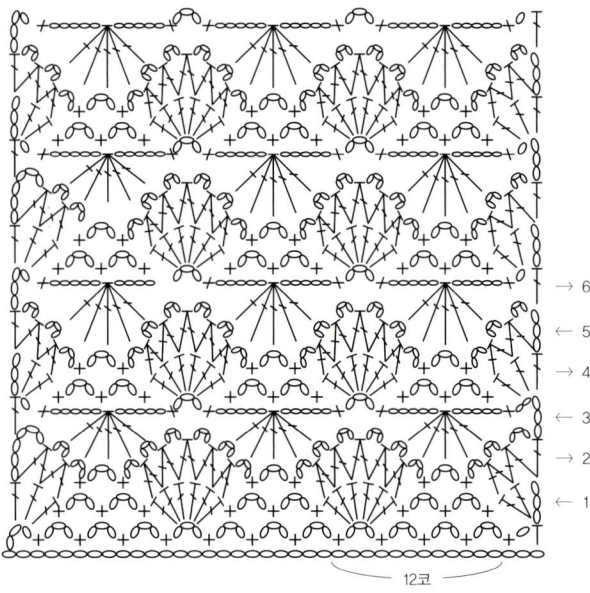

78 12코 2단 1무늬

79 9코 2단 1무늬

→ 2
← 1

9코

80 8코 4단 1무늬

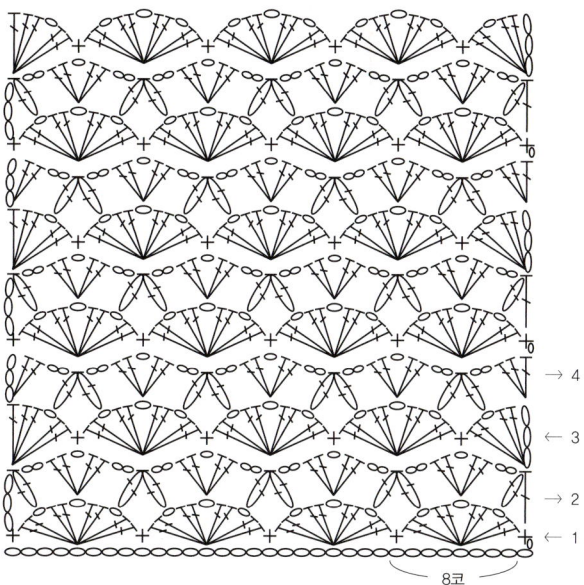

→ 4
← 3
→ 2
← 1

8코

81 10코 2단 1무늬

→ 2
← 1

10코

82 6코 6단 1무늬

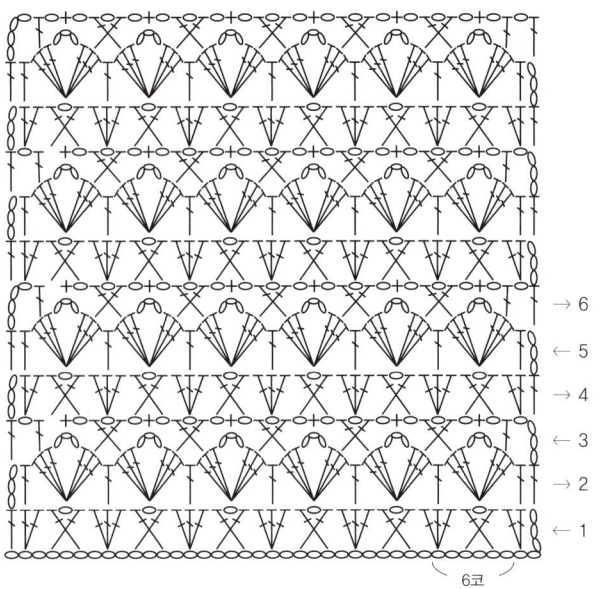

→ 6
← 5
→ 4
→ 3
→ 2
← 1

6코

83 8코 2단 1무늬

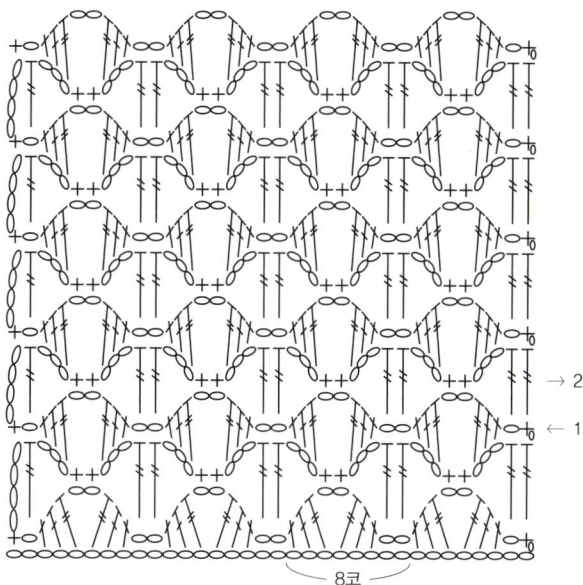

84 5코 8단 1무늬

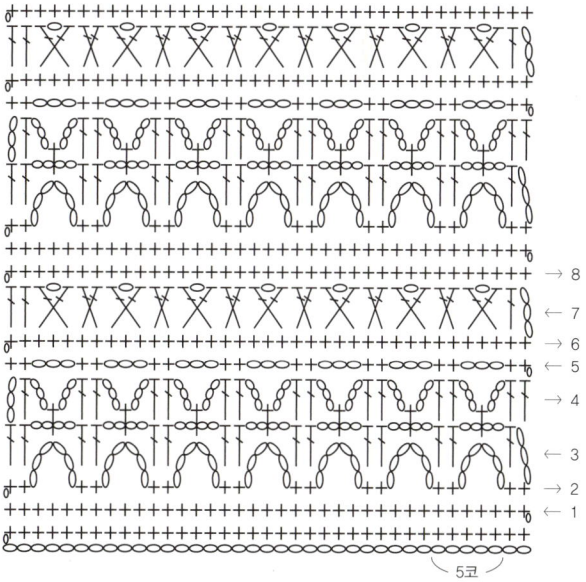

85 10코 4단 1무늬

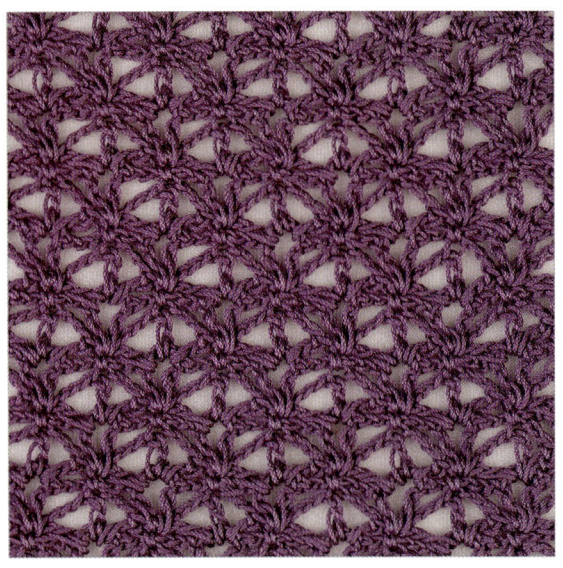

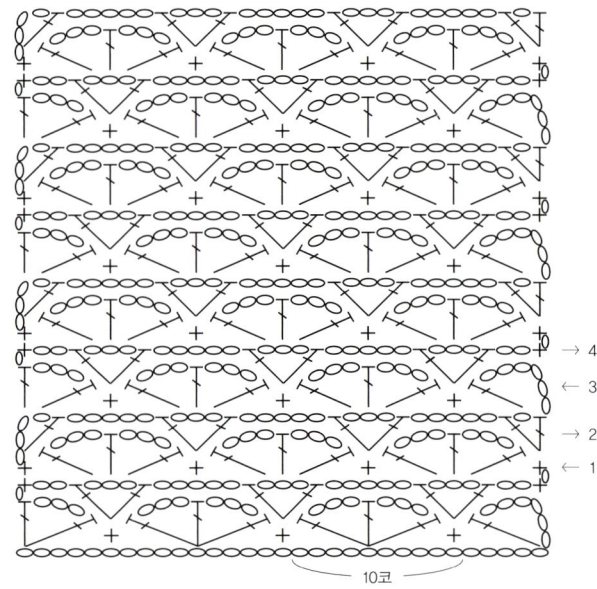

→ 4
← 3
→ 2
← 1

10코

86 12코 2단 1무늬

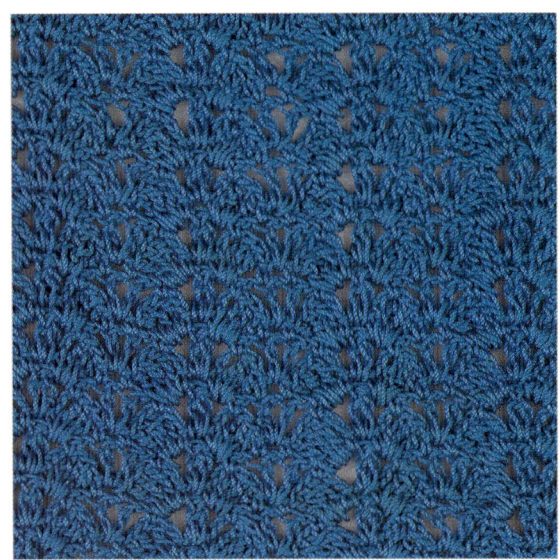

→ 2
← 1

12코

87 8코 2단 1무늬

 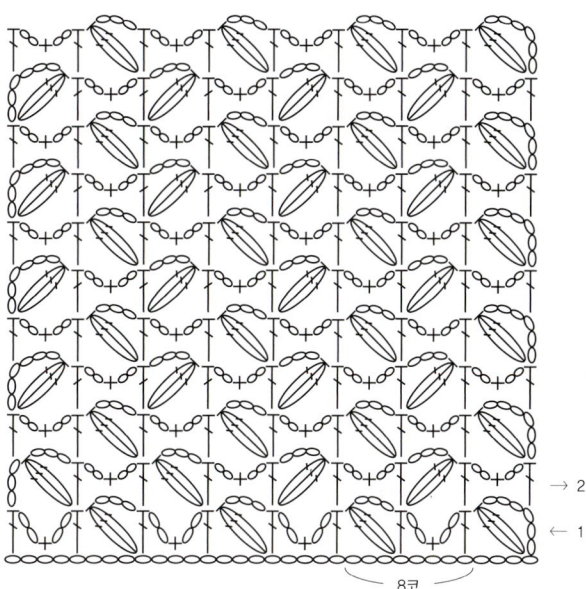

→ 2
← 1

8코

88 6코 8단 1무늬

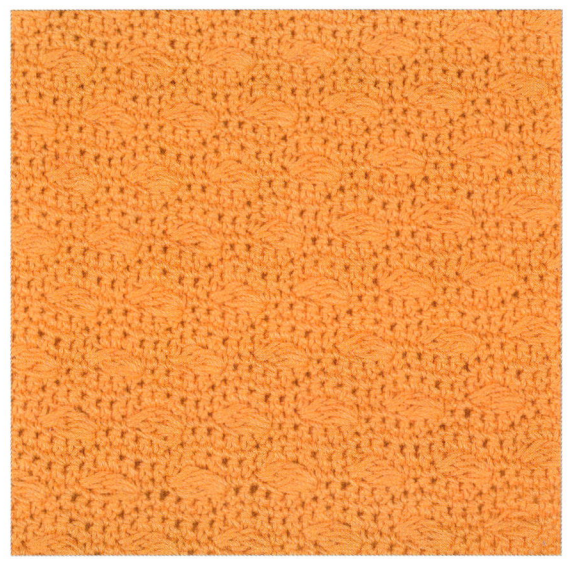 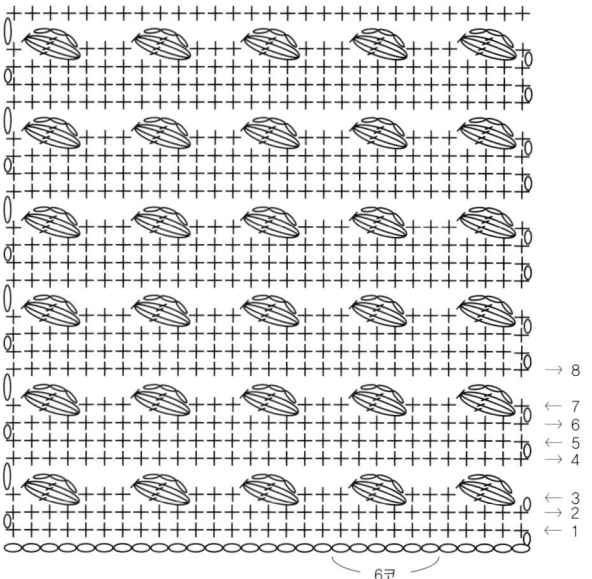

→ 8
← 7
← 6
← 5
→ 4
← 3
← 2
← 1

6코

89 4코 4단 1무늬

→ 4
← 3
→ 2
← 1

4코

90 12코 2단 1무늬

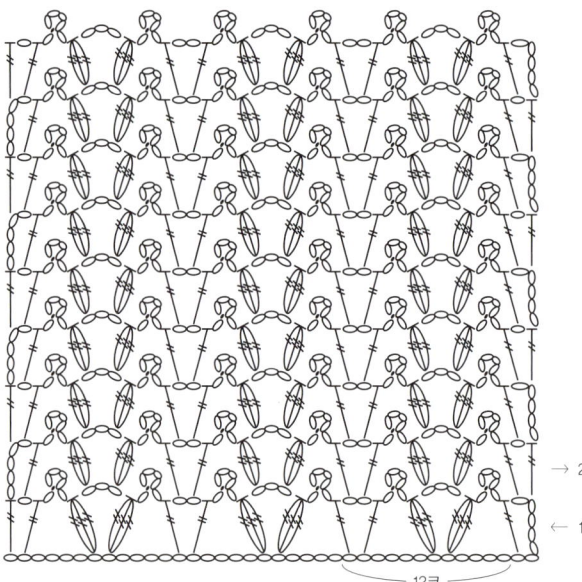

→ 2
← 1

12코

91 12코 2단 1무늬

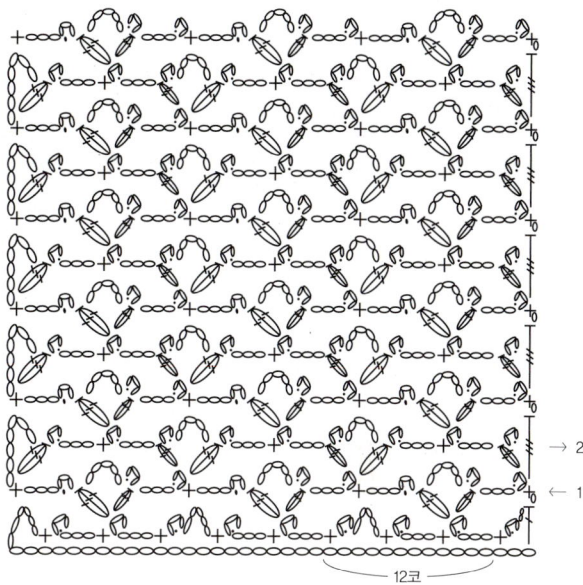

→ 2
← 1

12코

92 6코 4단 1무늬

← 4
← 3
→ 2
← 1

6코

93 10코 4단 1무늬

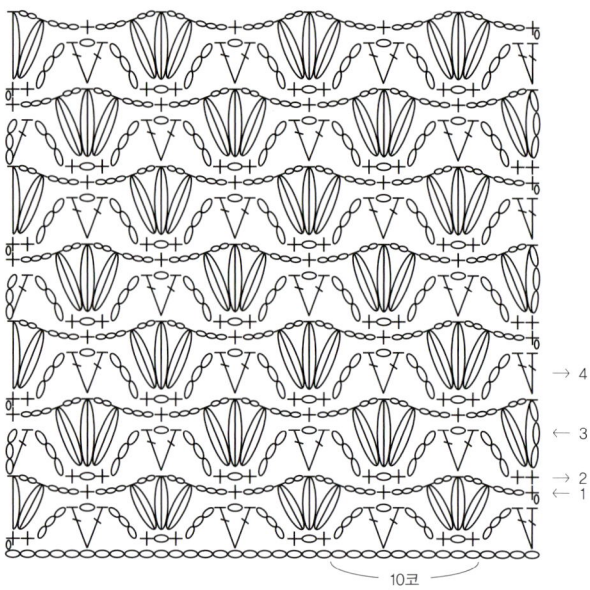

94 10코 6단 1무늬

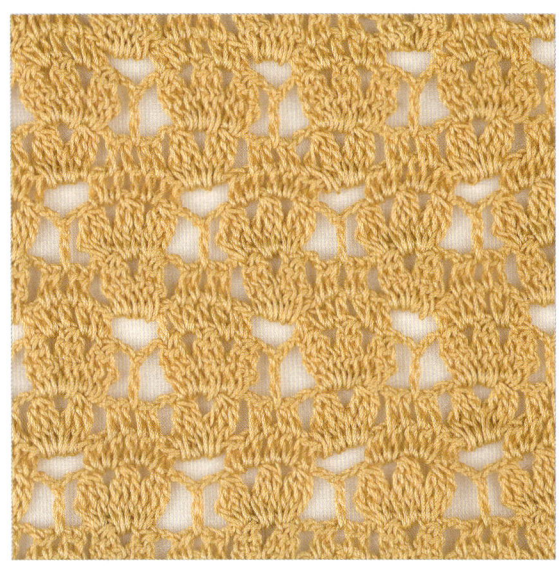
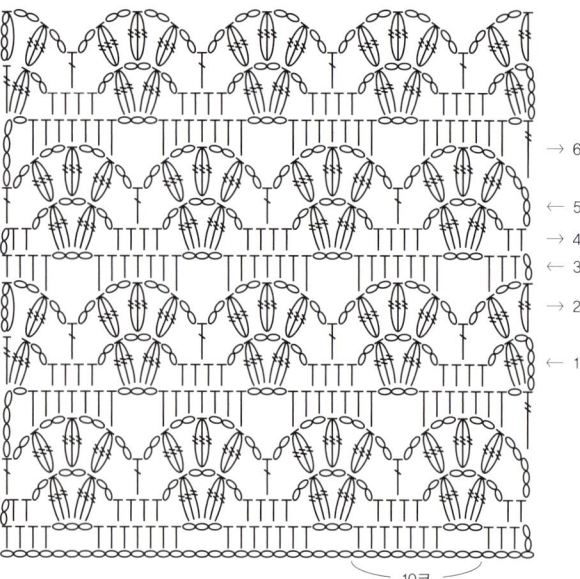

95 8코 2단 1무늬

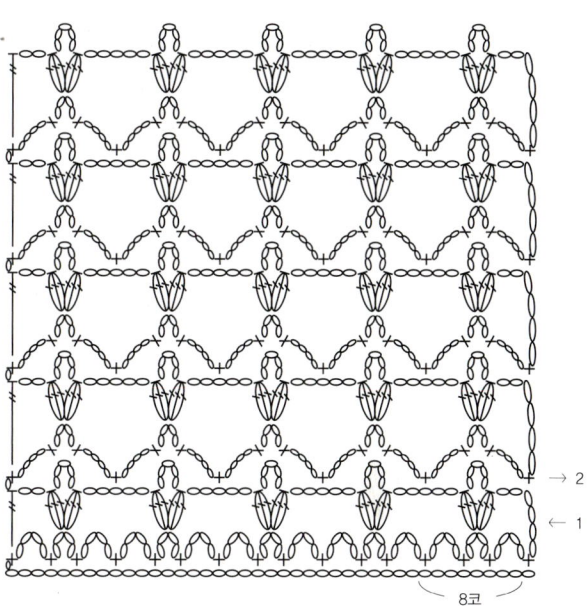

96 19코 2단 1무늬

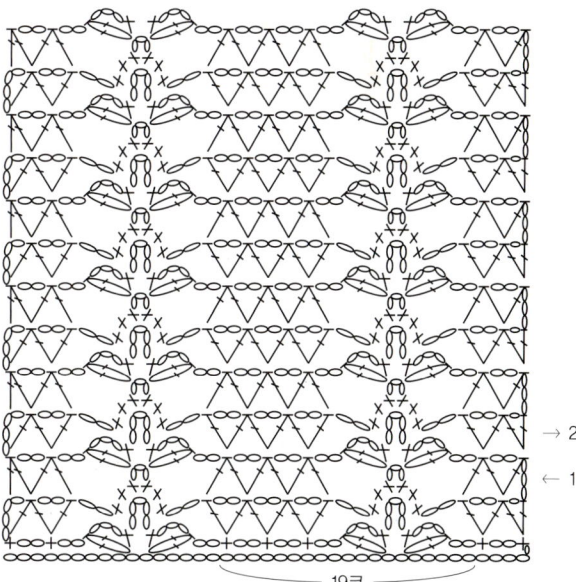

97 9코 2단 1무늬

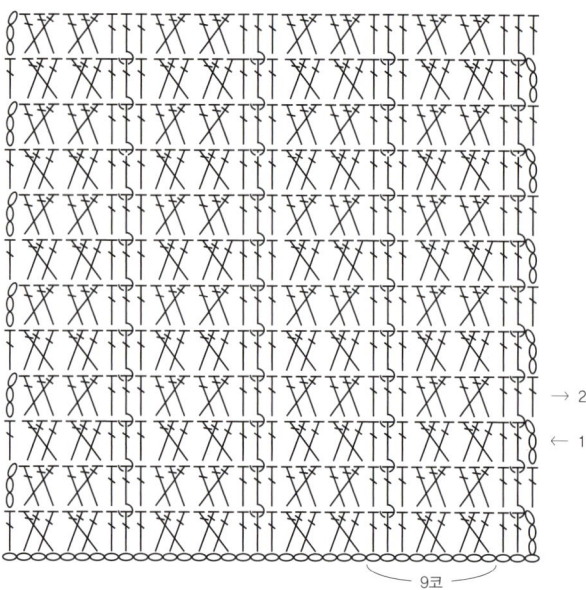

98 6코 2단 1무늬

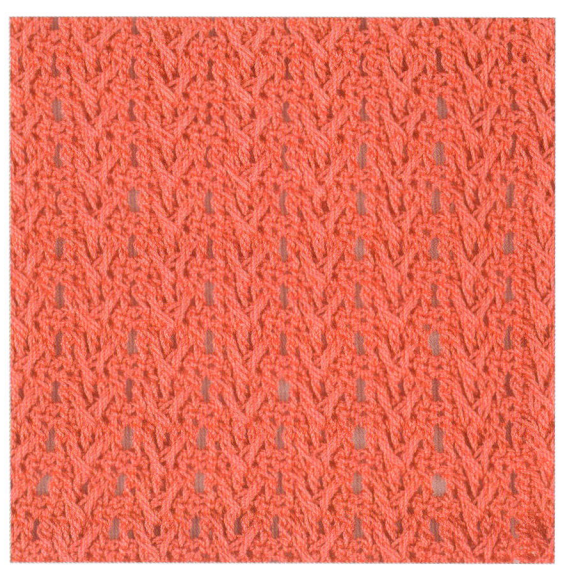

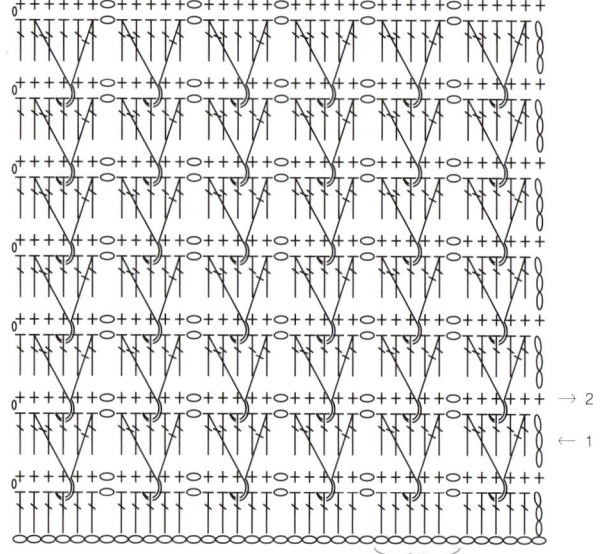

99 4코 2단 1무늬

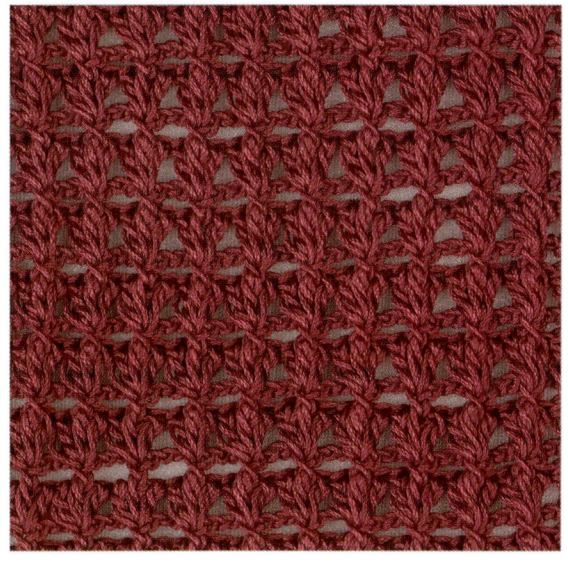

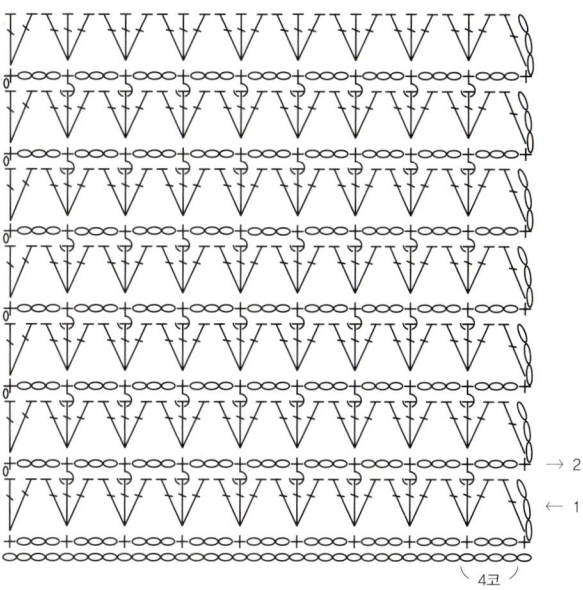

100 10코 6단 1무늬

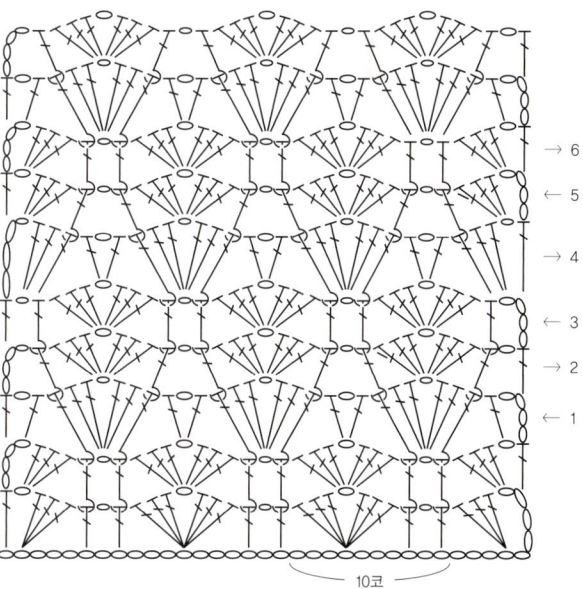

101 12코 4단 1무늬

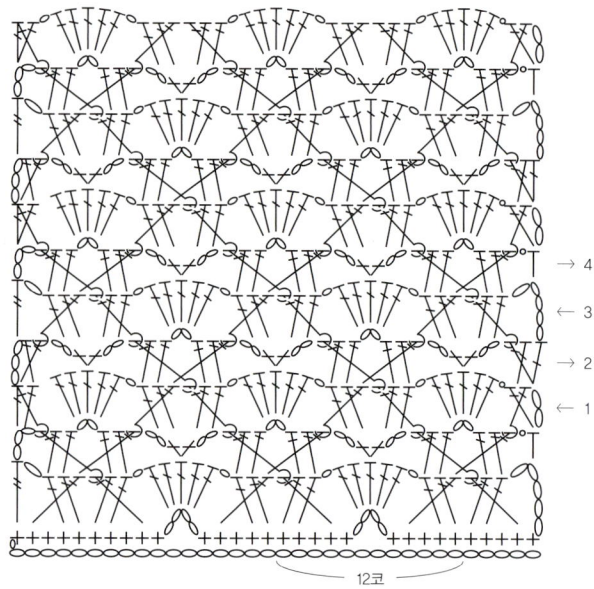

102 4코 4단 1무늬

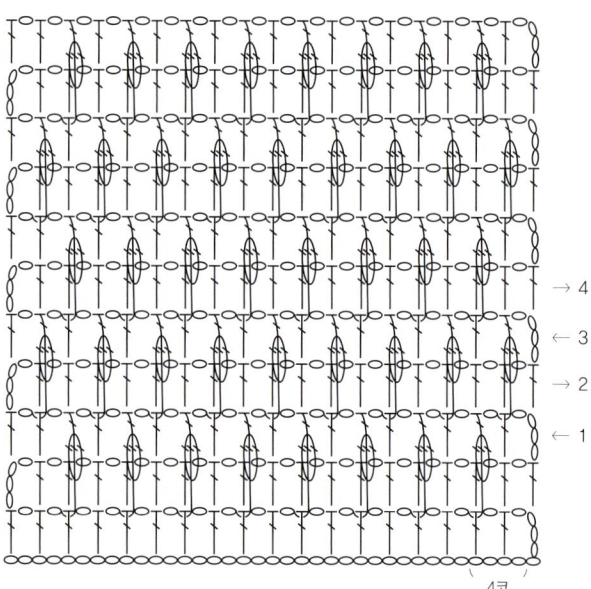

103 12코 2단 1무늬

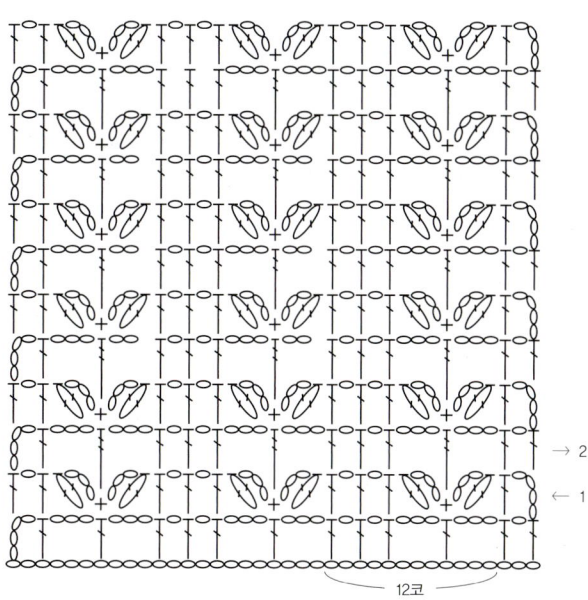

→ 2
← 1

12코

104 6코 2단 1무늬

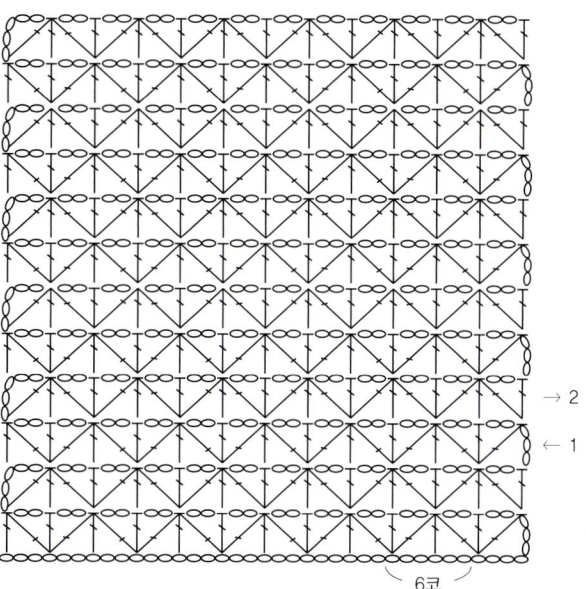

→ 2
← 1

6코

105 10코 6단 1무늬

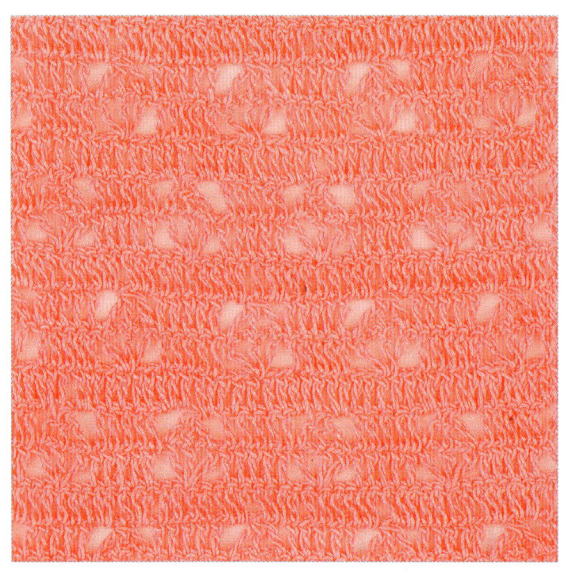

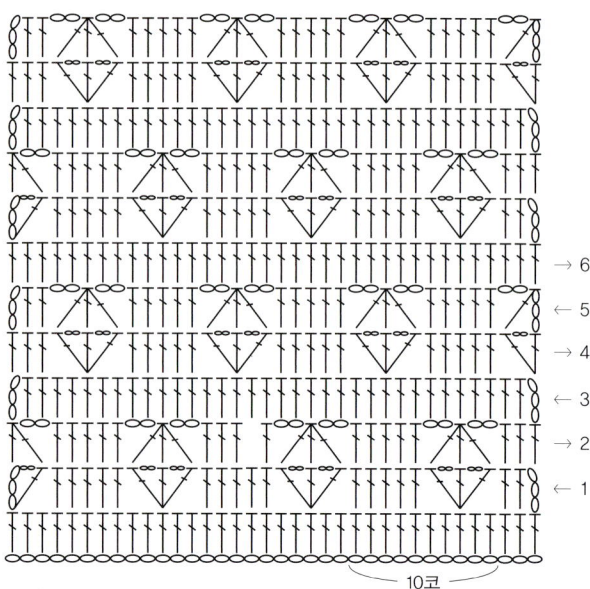

→ 6
← 5
→ 4
← 3
→ 2
← 1

10코

106 22코 2단 1무늬

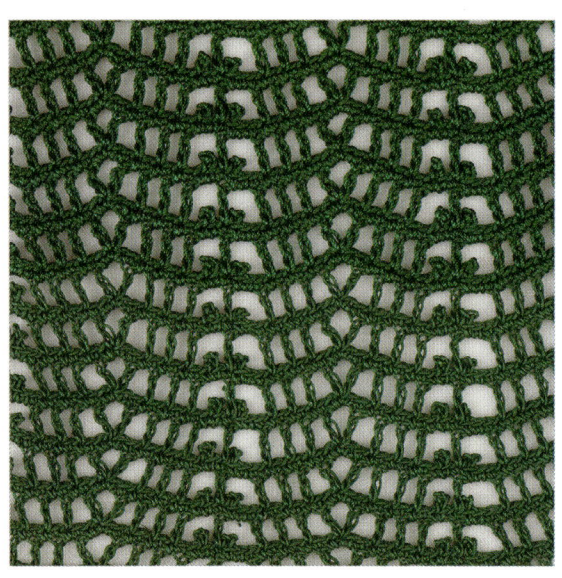

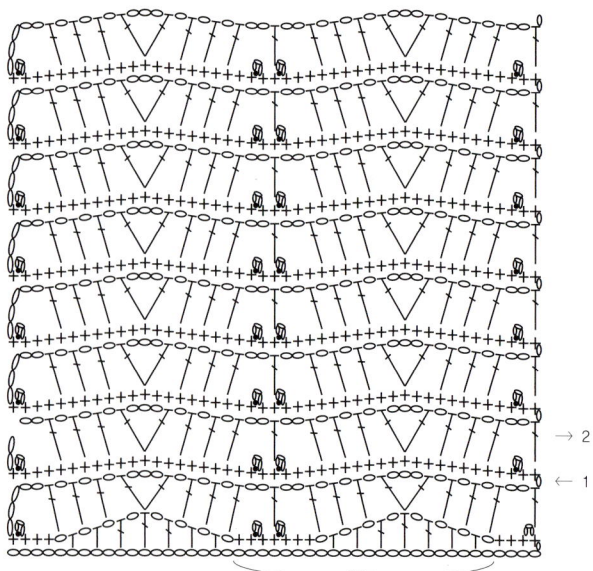

→ 2
← 1

22코

107 12코 6단 1무늬

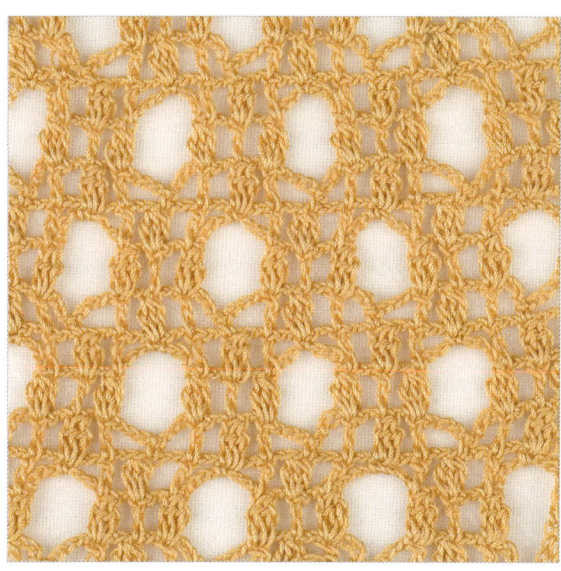

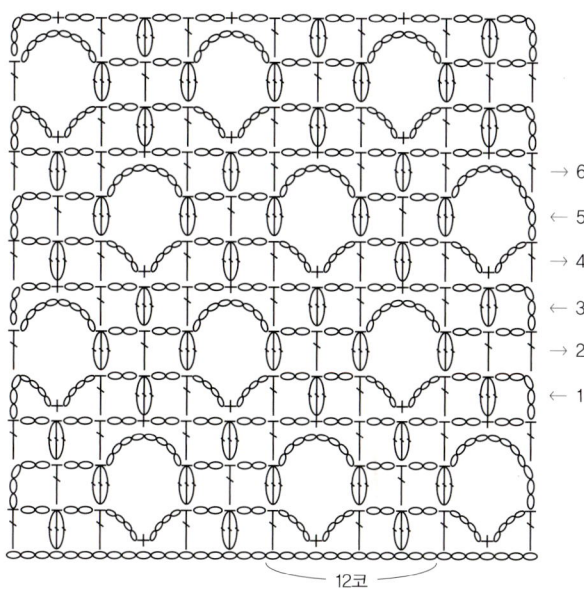

108 25코 14단 1무늬

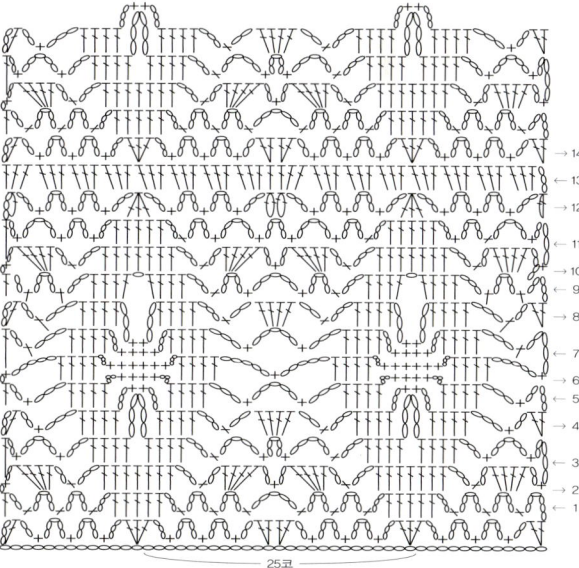

109 30코 14단 1무늬

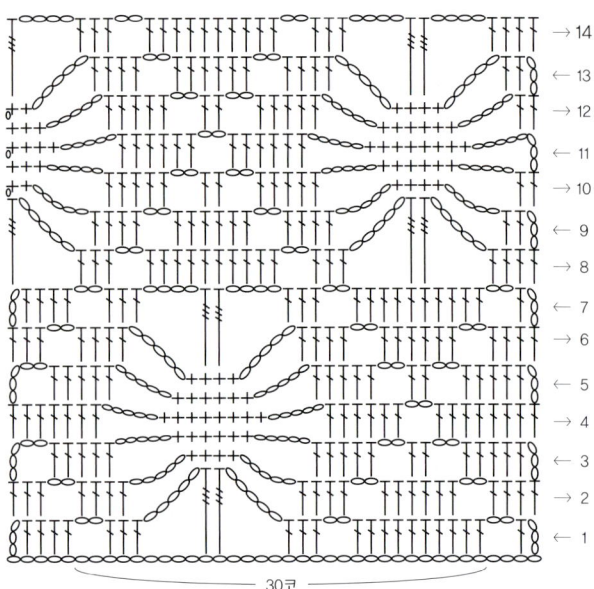

110 12코 4단 1무늬

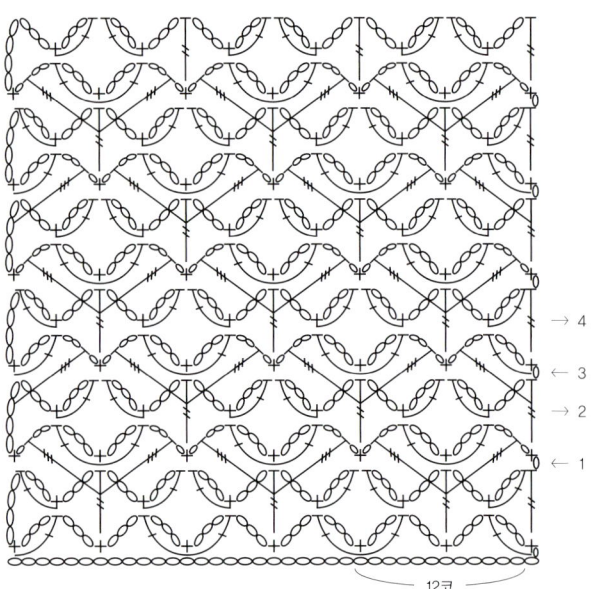

111 16코 6단 1무늬

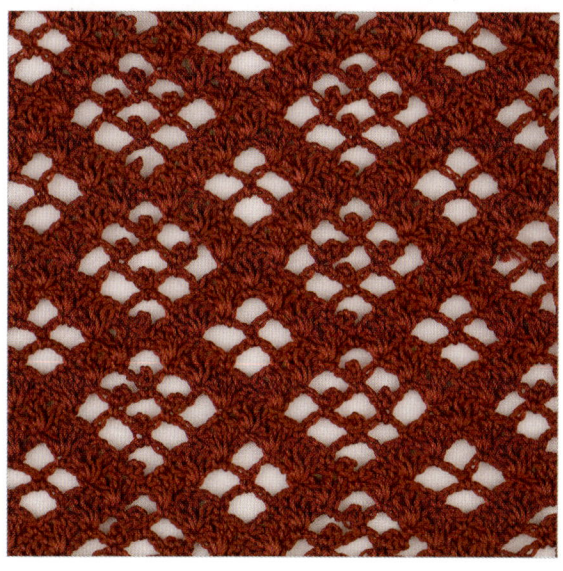
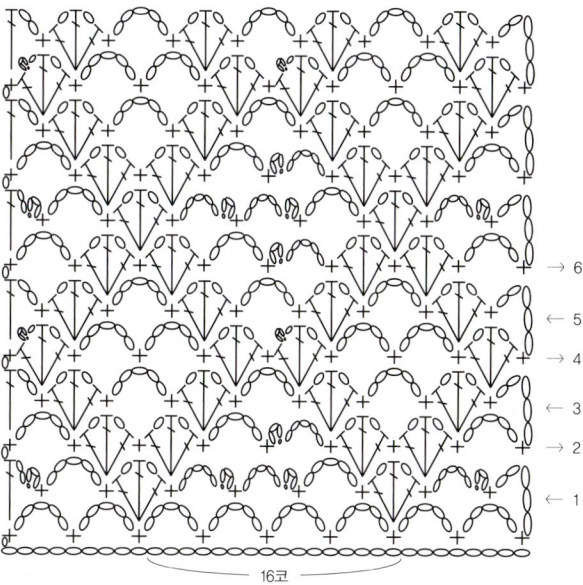

112 20코 14단 1무늬

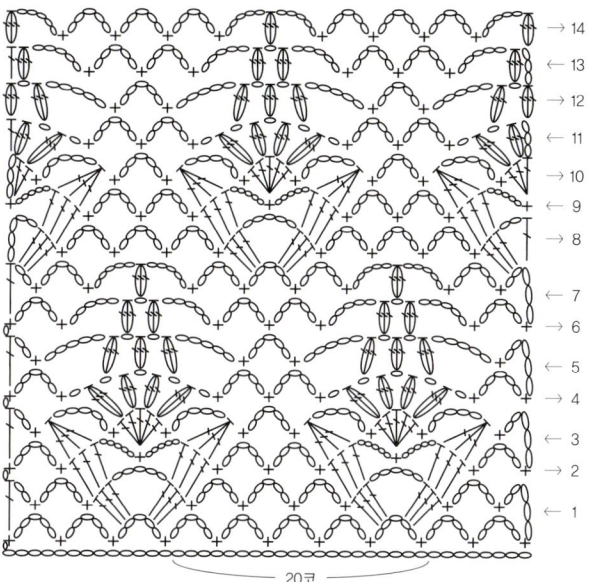

113 8코 8단 1무늬

114 24코 8단 1무늬

115 10코 6단 1무늬

→ 6
← 5
← 4
← 3
← 2
← 1

10코

116 6코 6단 1무늬

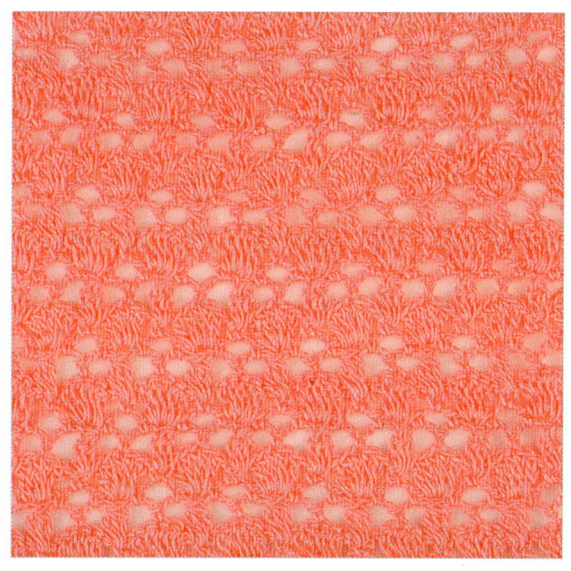

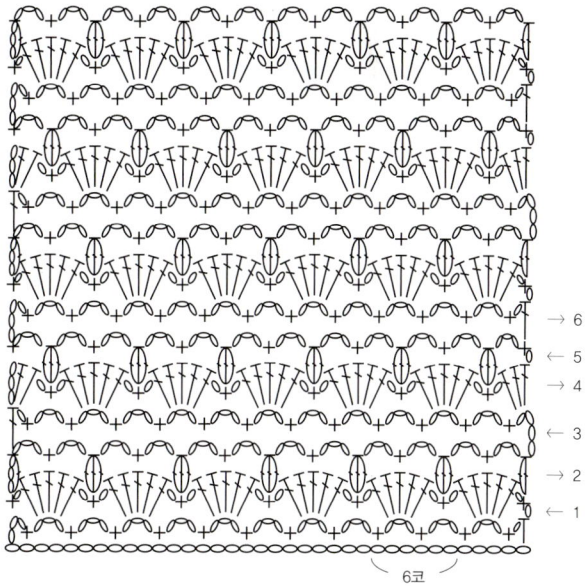

→ 6
← 5
→ 4
← 3
→ 2
← 1

6코

117 6코 2단 1무늬

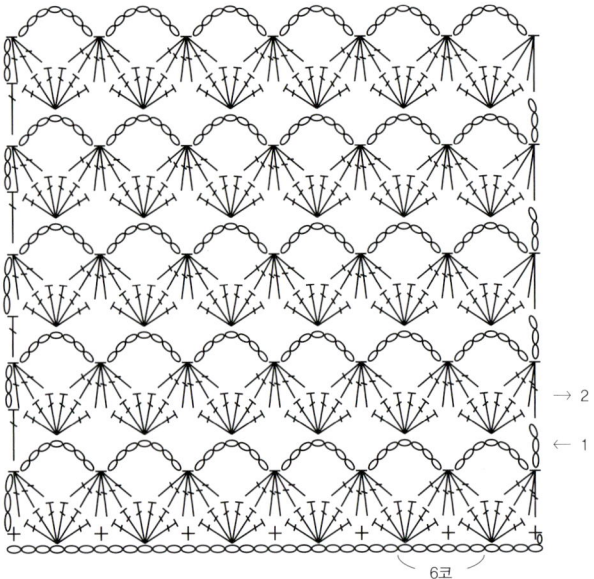

118 8코 2단 1무늬

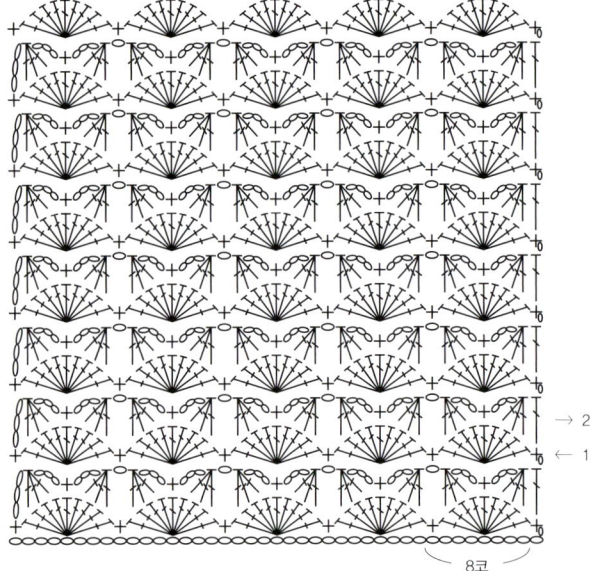

119 6코 6단 1무늬

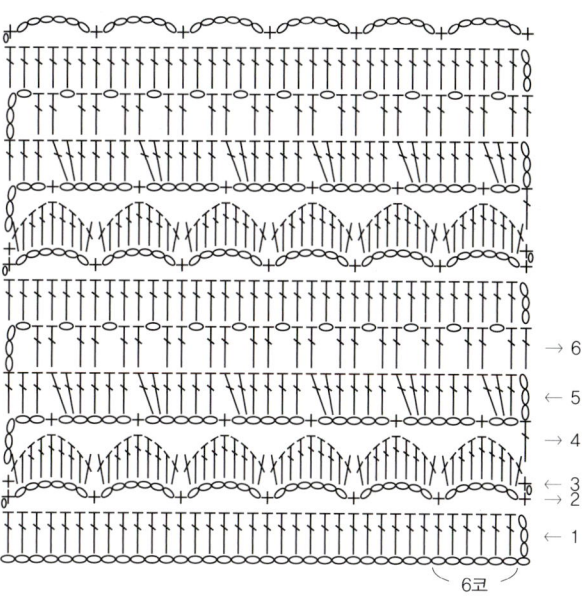

→ 6
← 5
→ 4
→ 3
→ 2
← 1

6코

120 10코 6단 1무늬

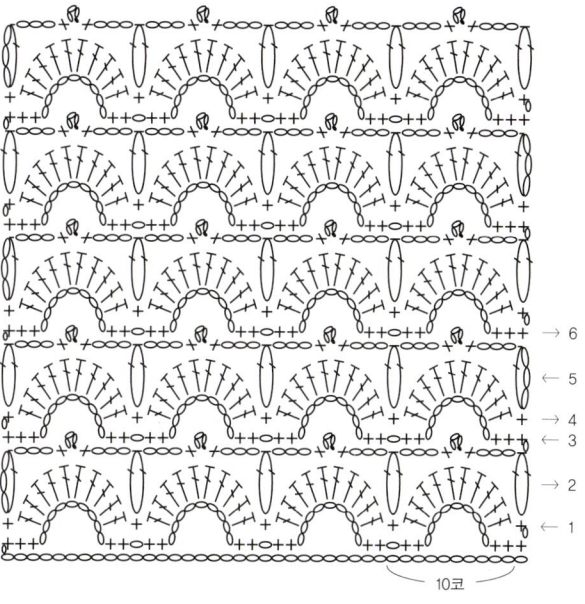

→ 6
← 5
→ 4
→ 3
→ 2
← 1

10코

121 10코 6단 1무늬

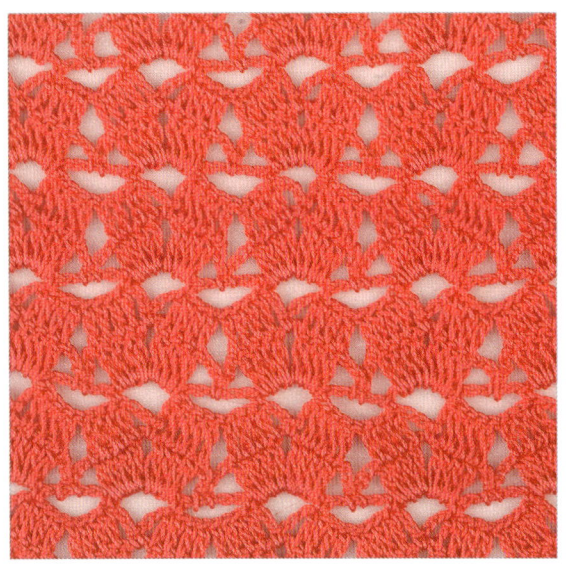

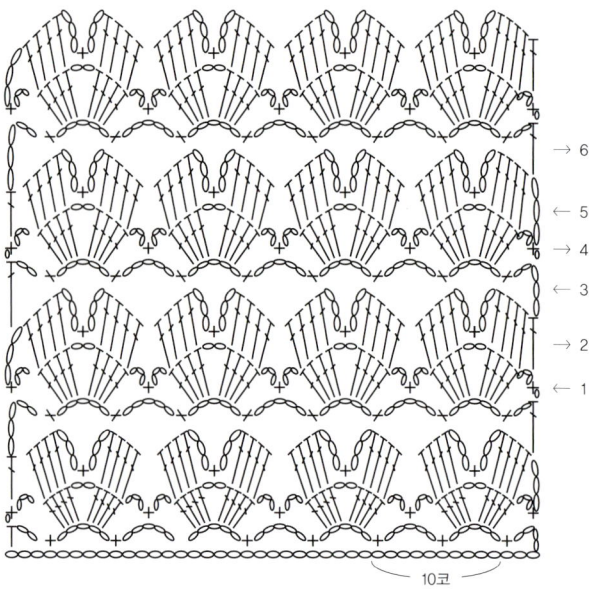

122 10코 6단 1무늬

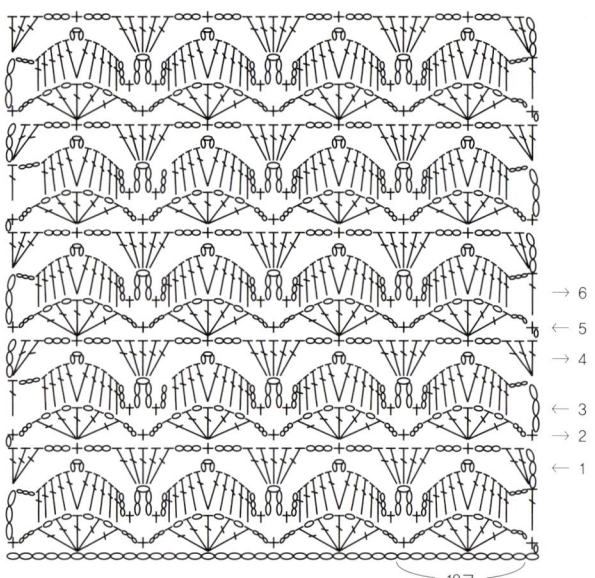

123 8코 4단 1무늬

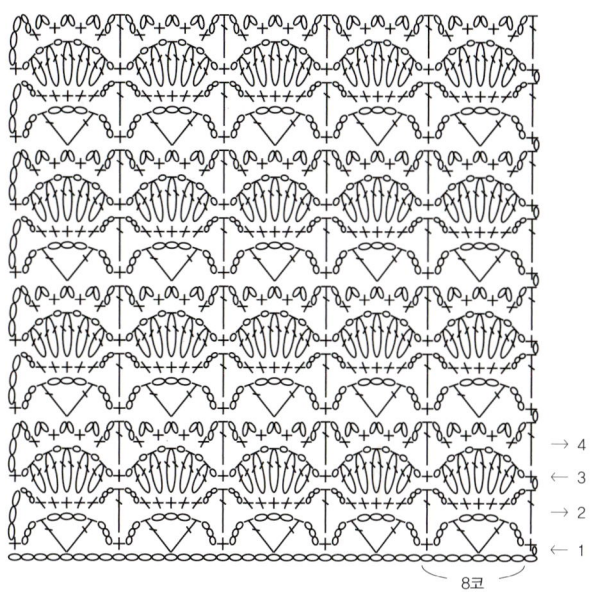

124 12코 2단 1무늬

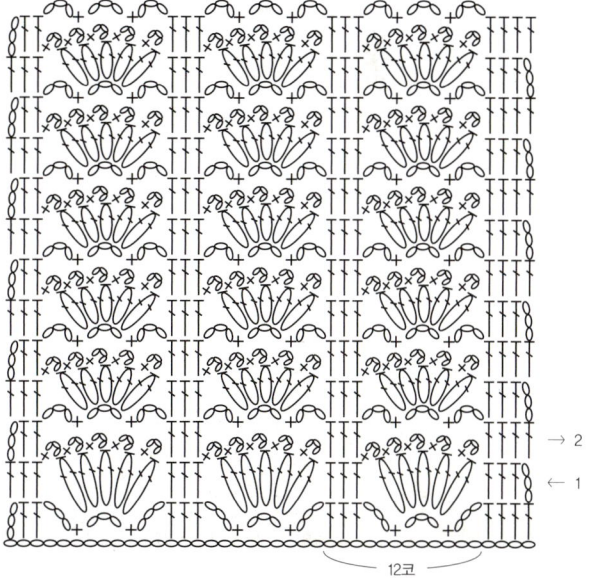

125 16코 4단 1무늬

126 18코 4단 1무늬

127 24코 8단 1무늬

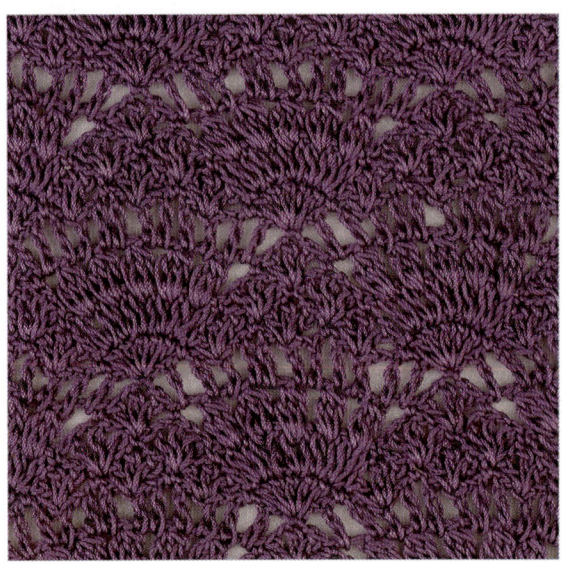

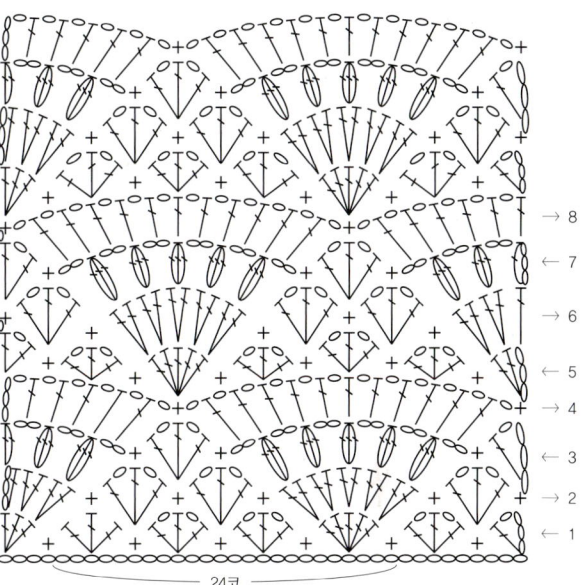

128 30코 6단 1무늬

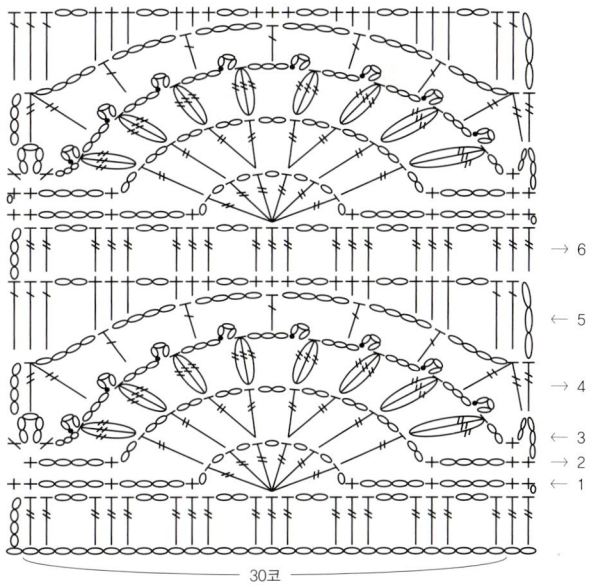

129   15코 8단 1무늬

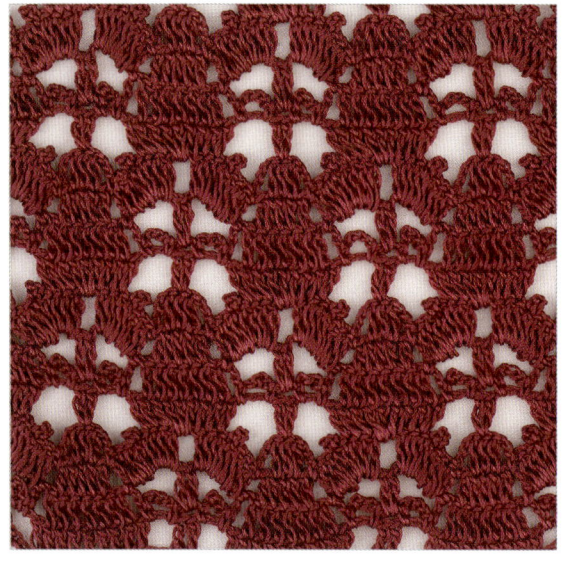

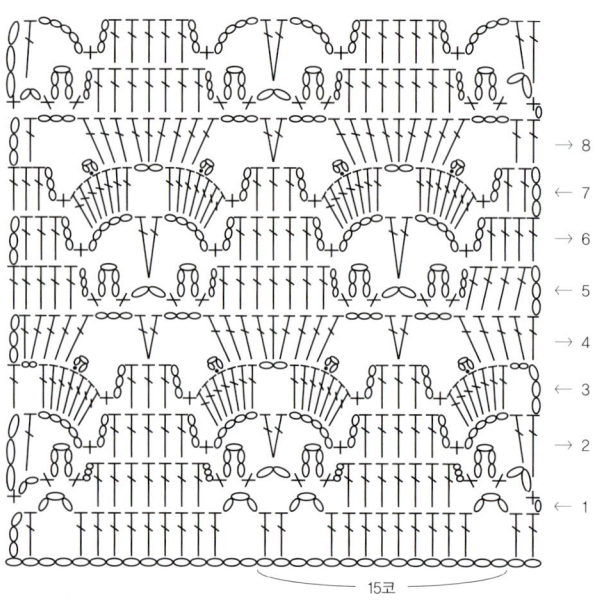

130   14코 6단 1무늬

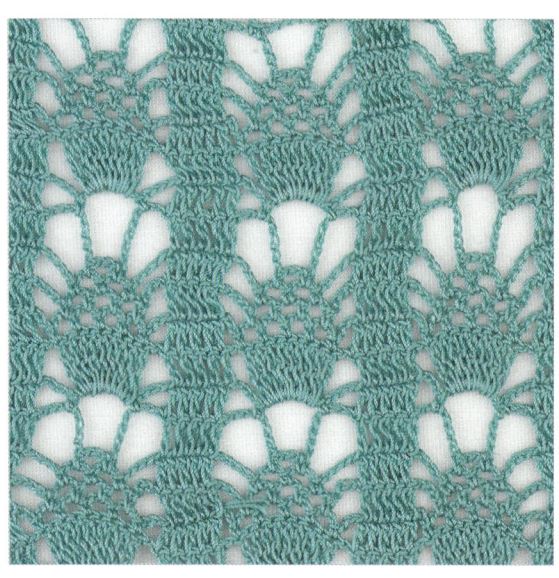

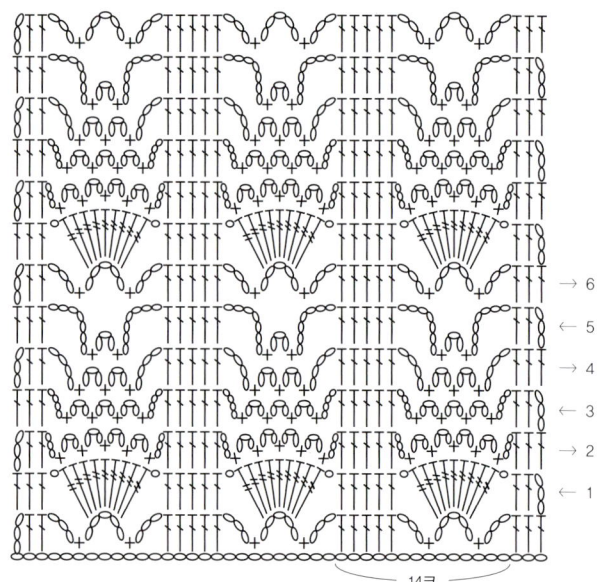

131 15코 10단 1무늬

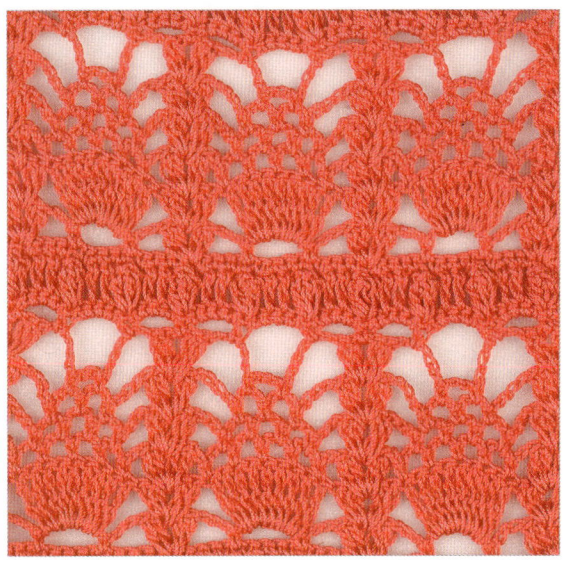

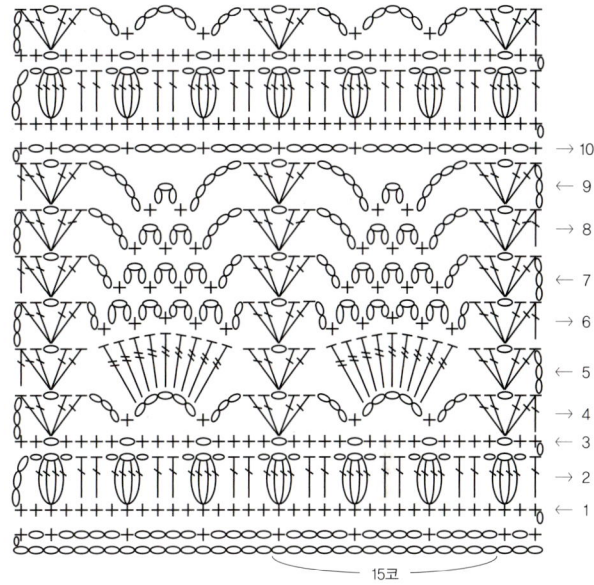

132 12코 6단 1무늬

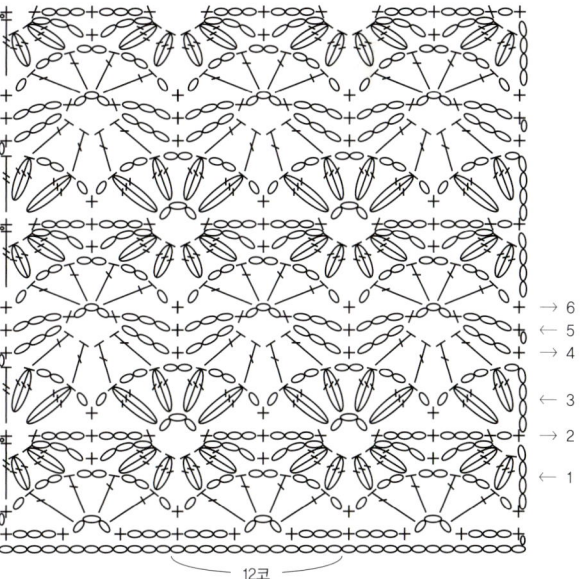

133 11코 6단 1무늬

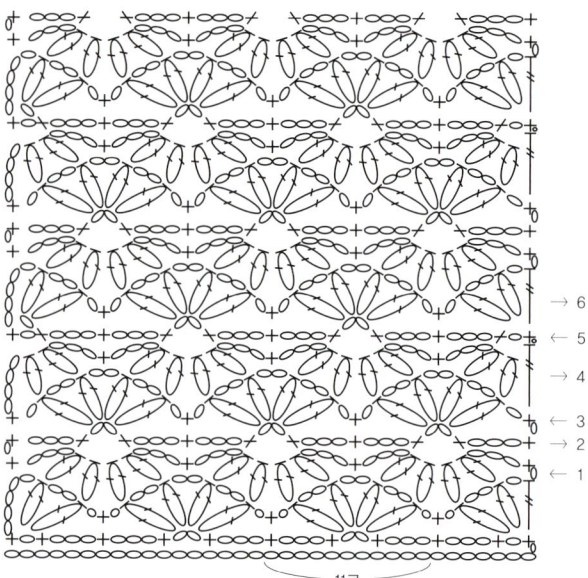

→ 6
← 5
→ 4
→ 3
→ 2
← 1

11코

134 12코 4단 1무늬

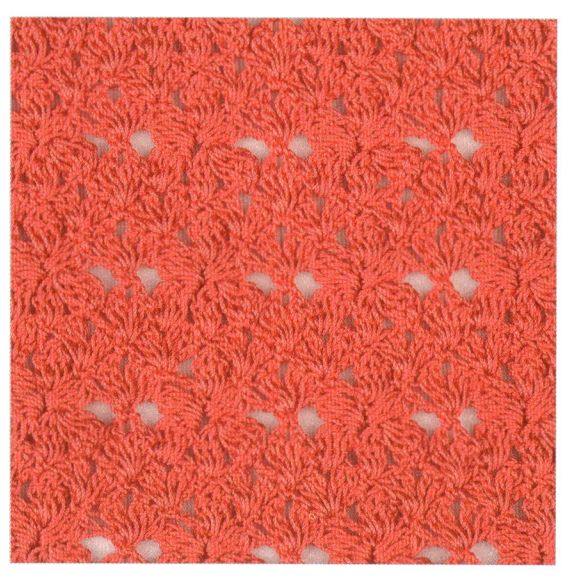

→ 4
← 3
→ 2
← 1

12코

135 14코 8단 1무늬

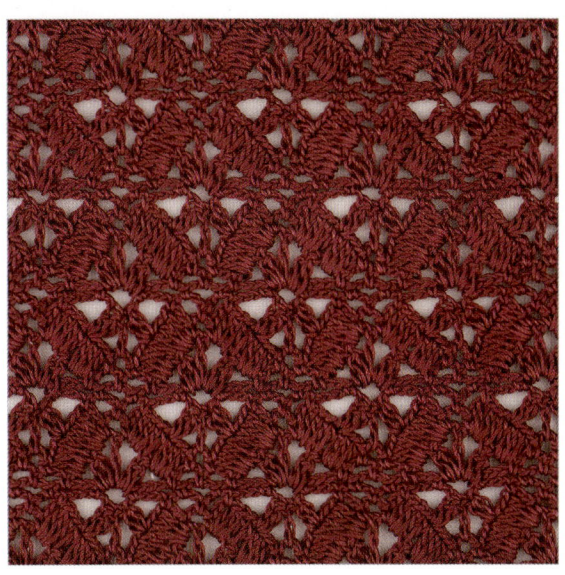

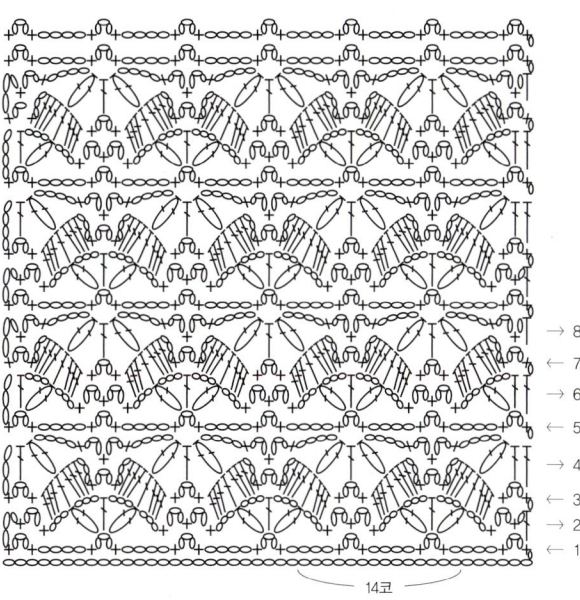

→ 8
← 7
→ 6
← 5
→ 4
← 3
→ 2
← 1

14코

136 16코 6단 1무늬

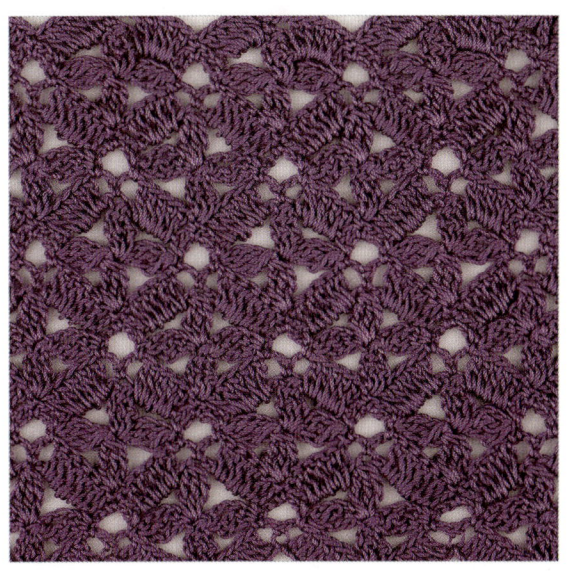

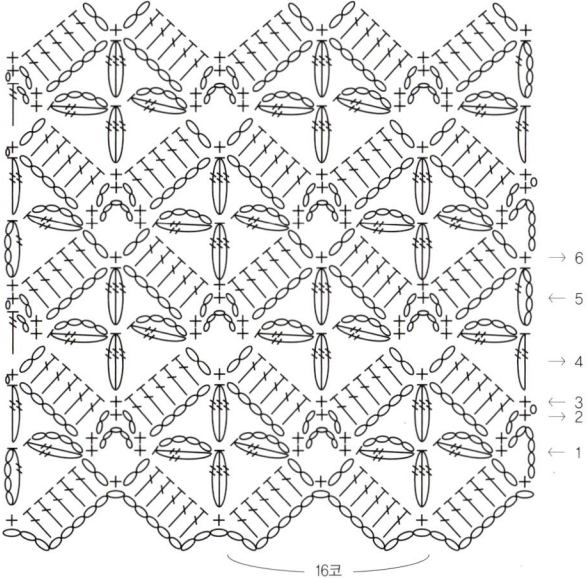

→ 6
← 5
→ 4
→ 3
2
← 1

16코

137 18코 8단 1무늬

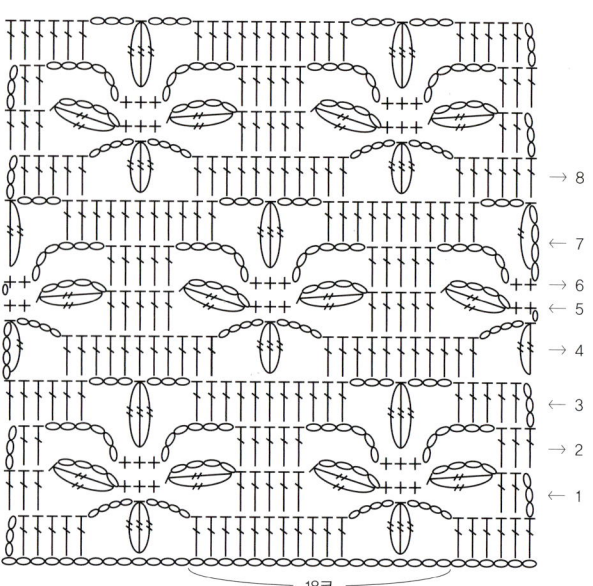

138 10코 6단 1무늬

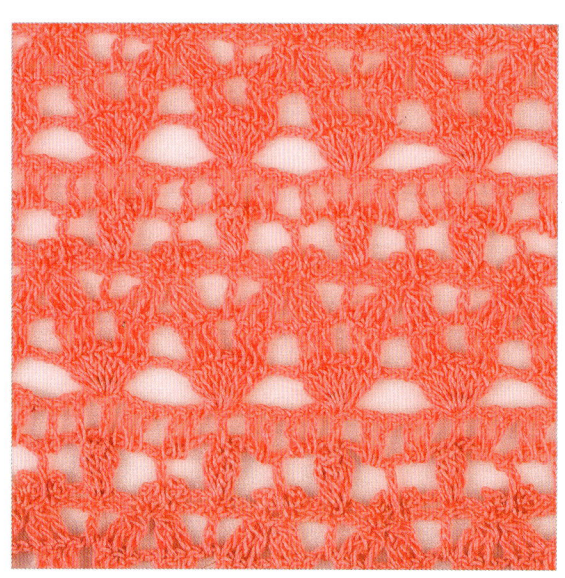

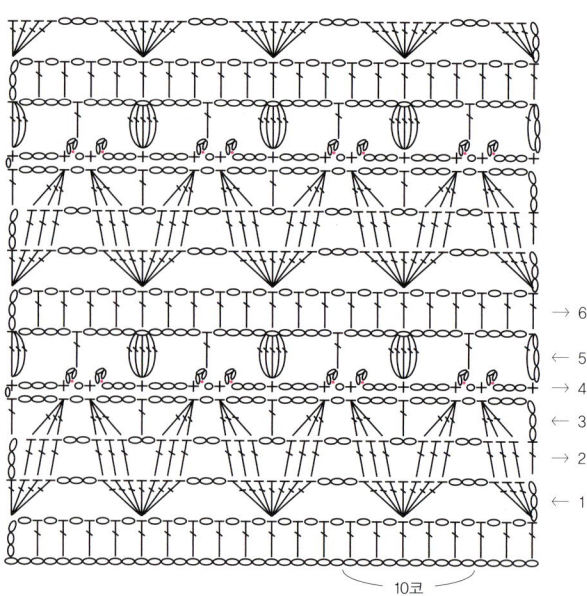

139 12코 8단 1무늬

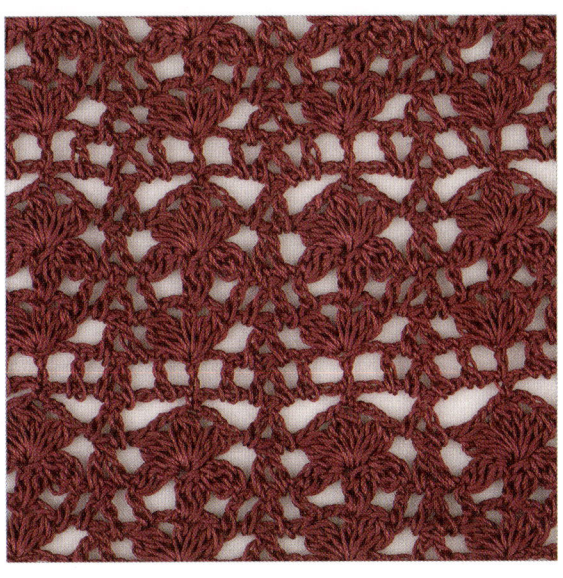

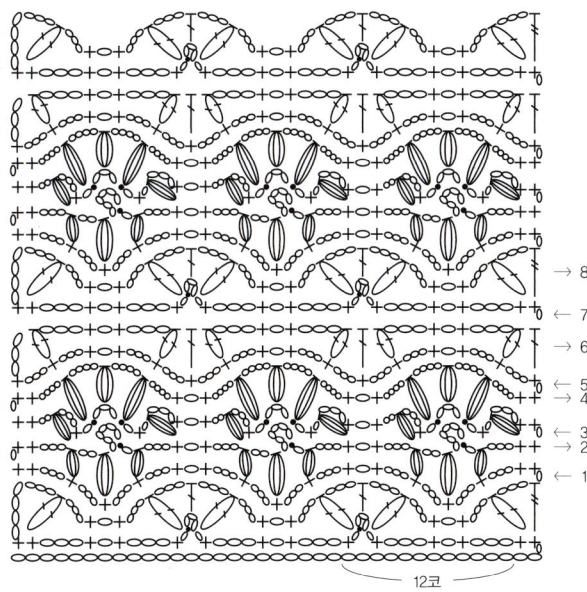

140 24코 8단 1무늬

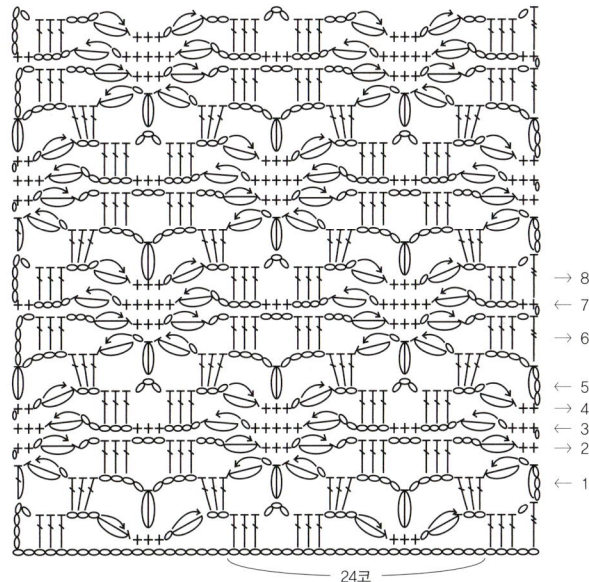

141 12코 12단 1무늬

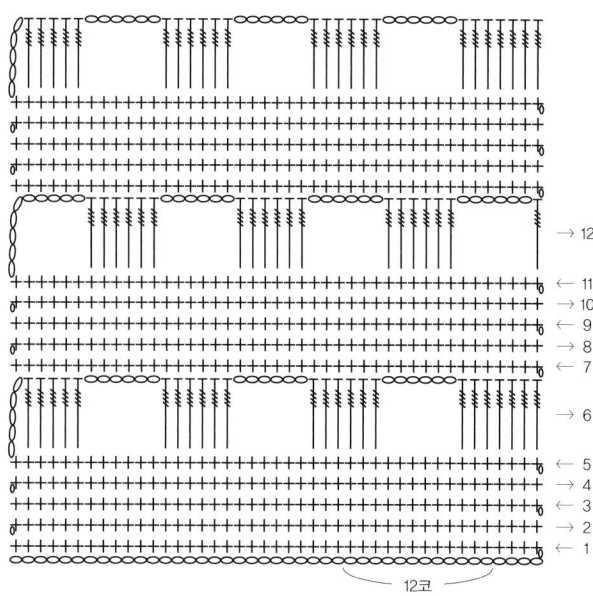

142 8코 2단 1무늬

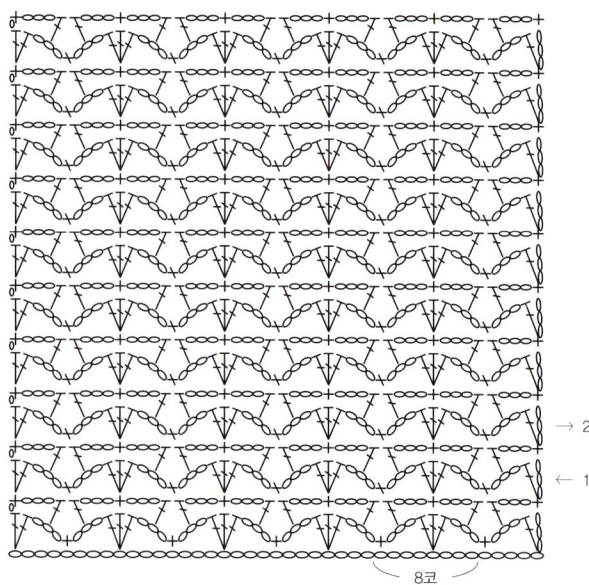

143 10코 8단 1무늬

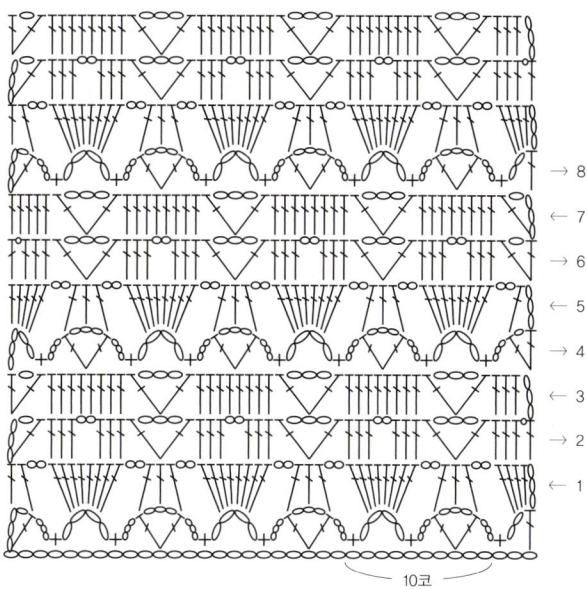

144 6코 4단 1무늬

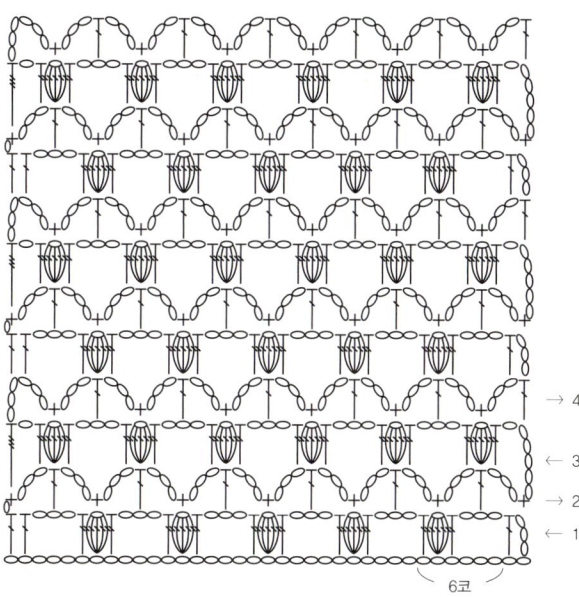

145 8코 4단 1무늬

→ 4
← 3
→ 2
← 1

8코

146 20코 6단 1무늬

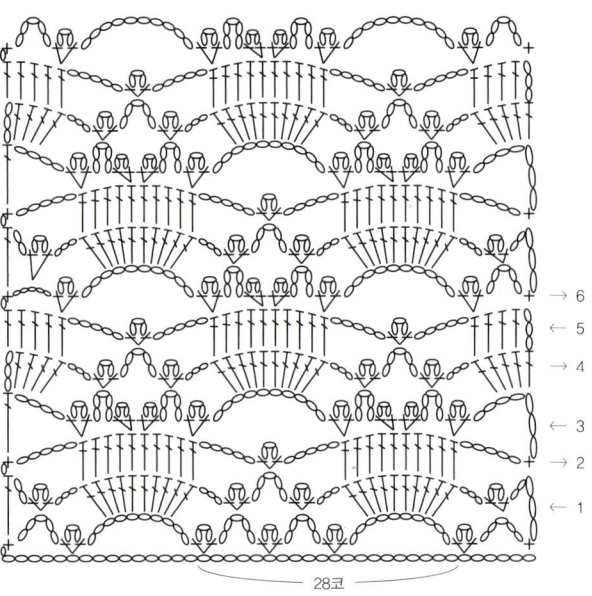

→ 6
← 5
→ 4
← 3
→ 2
← 1

28코

147 26코 6단 1무늬

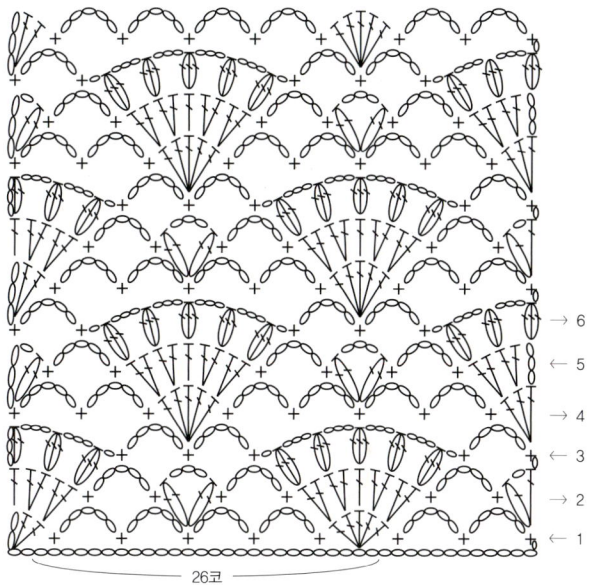

148 7코 4단 1무늬

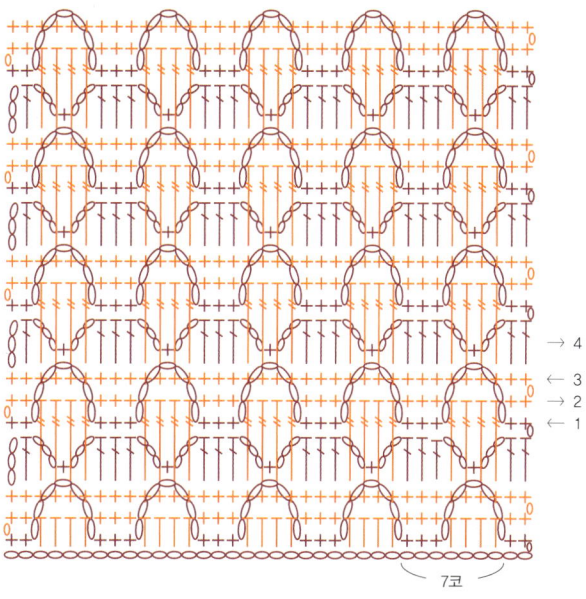

149 5코 12단 1무늬

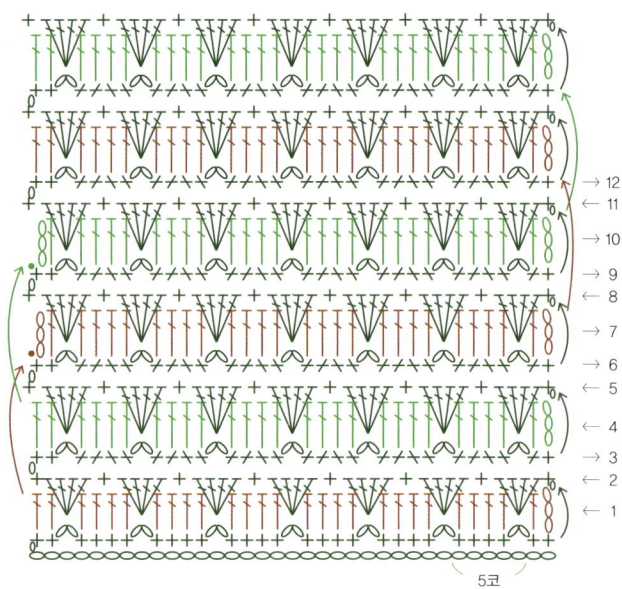

150 7코 6단 1무늬

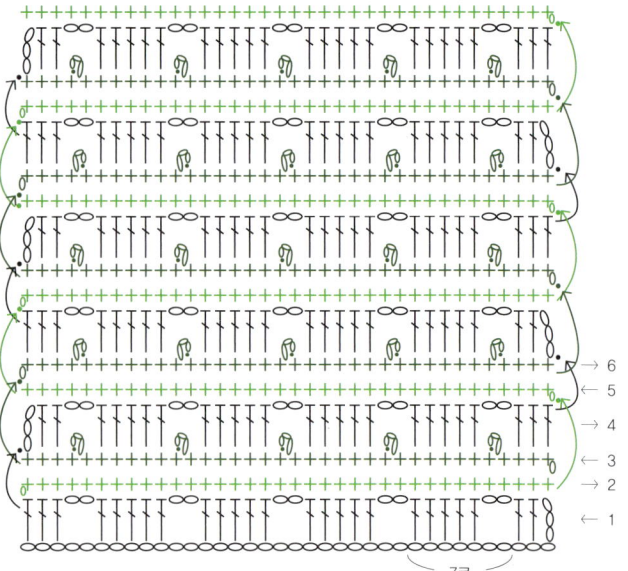

151 8코 8단 1무늬

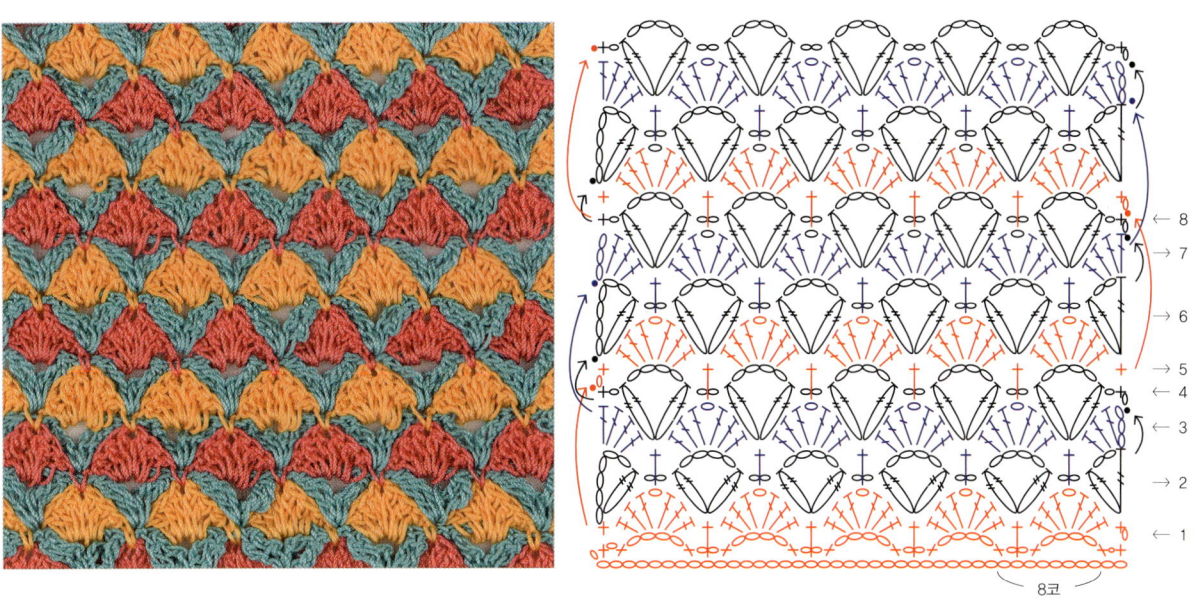

152 8코 4단 1무늬

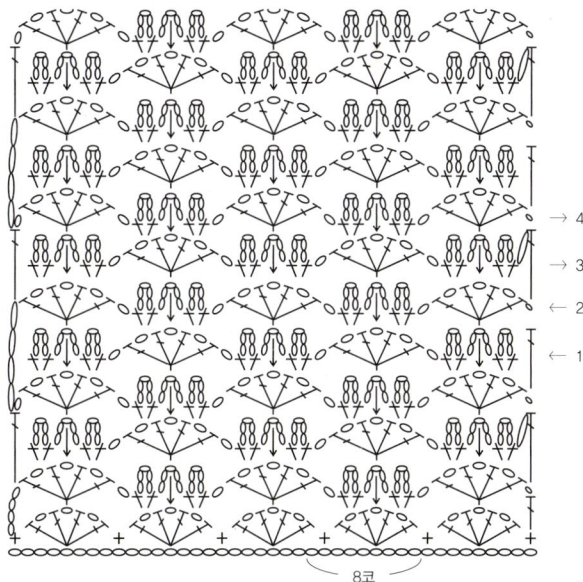

153 6코 6단 1무늬

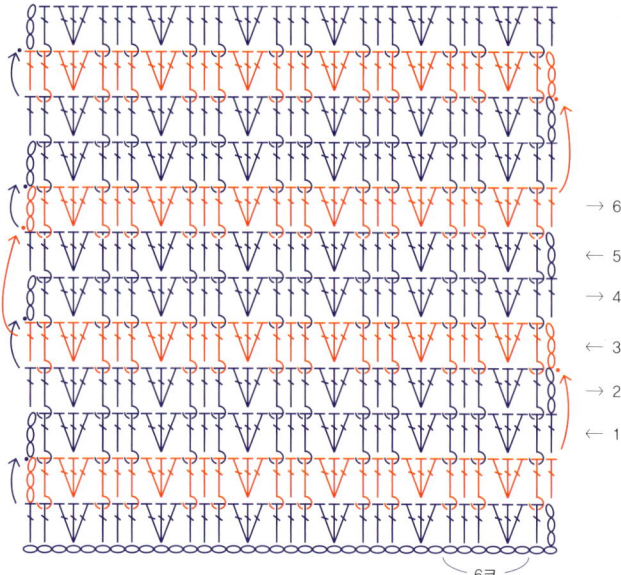

154 4코 4단 1무늬

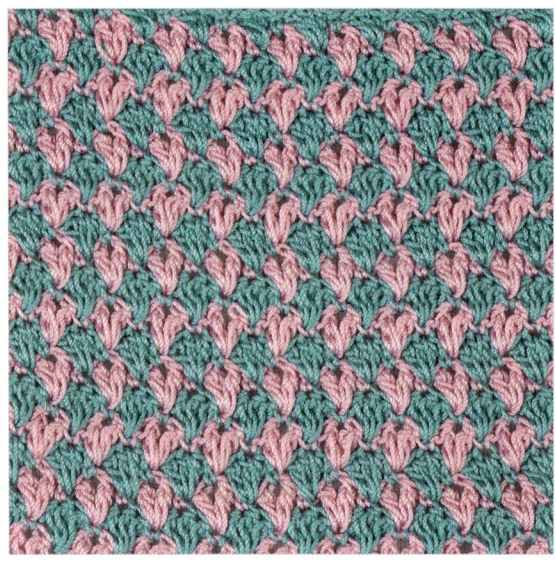

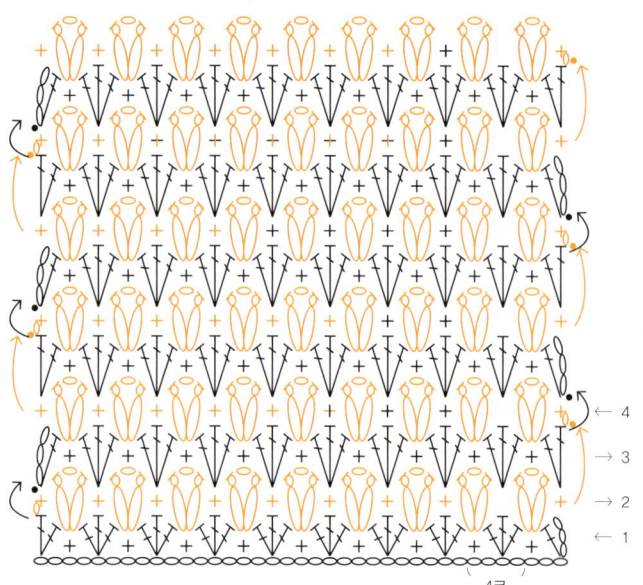

155 2코 2단 1무늬

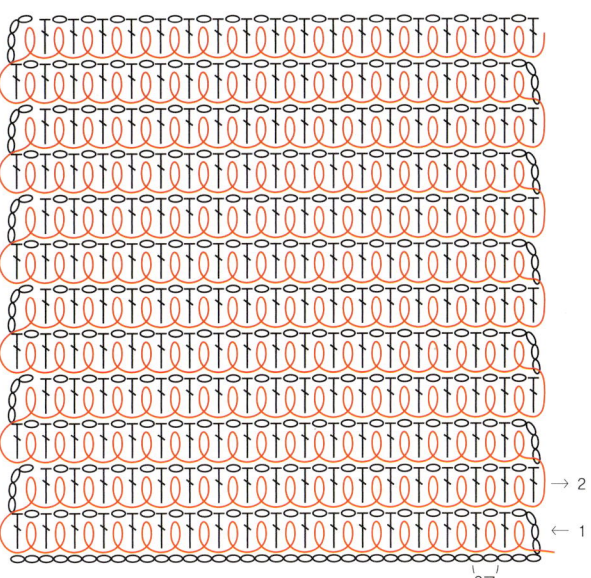

→ 2

← 1

2코

155번 코뜨는 법

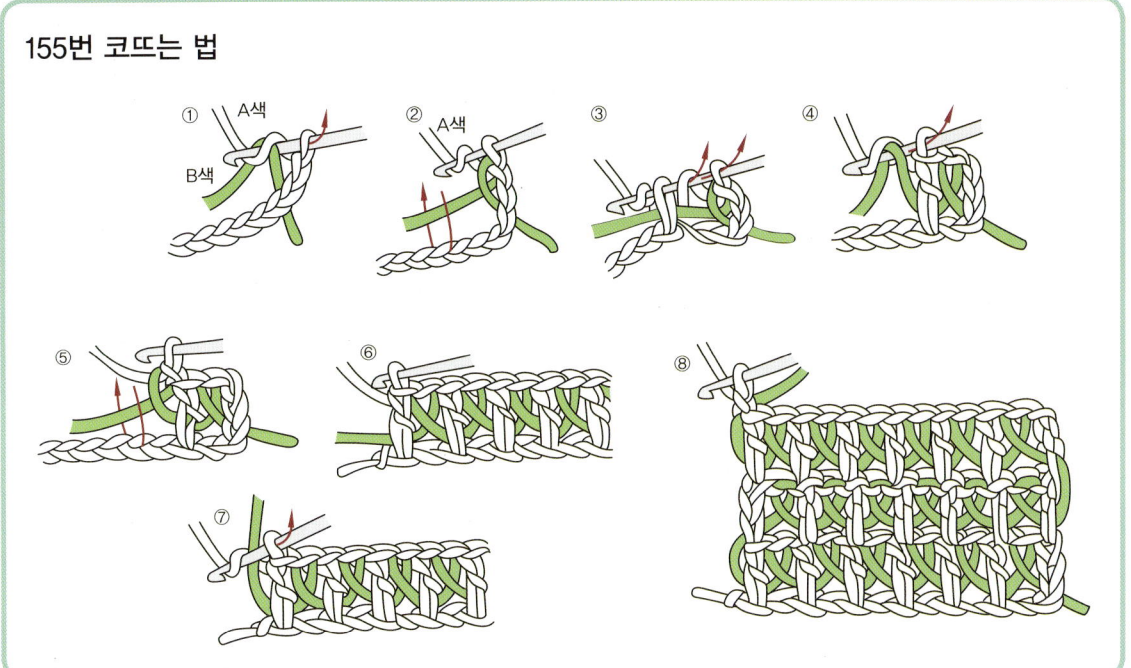

156 · 26코 19단 1무늬

매듭끈

이중사슬 끈뜨기

157 23코 18단 1무늬

손가락으로
사슬끈 뜨기

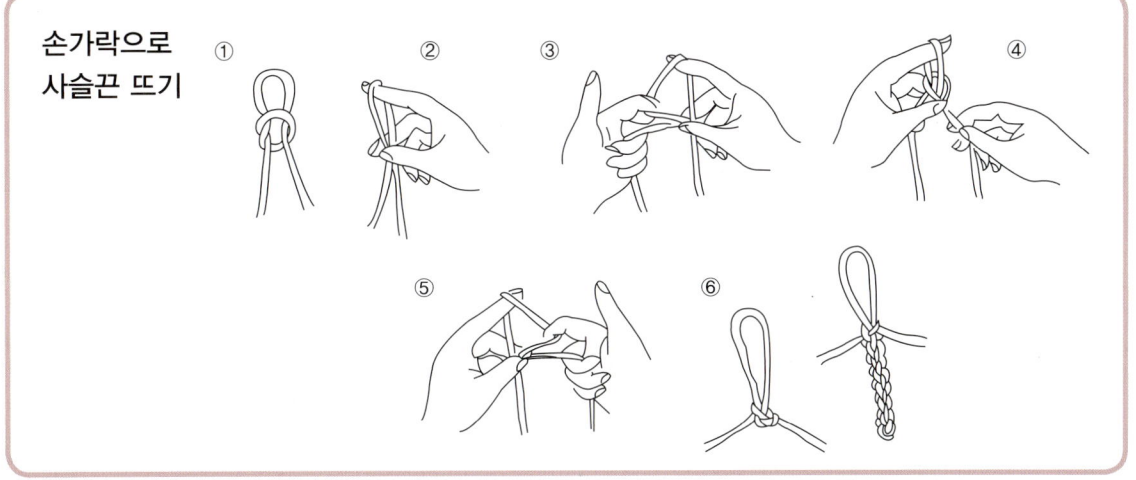

→ 20
← 19
→ 18
← 17
→ 16
→ 15
→ 14
← 13
→ 12
← 11
→ 10
← 9
→ 8
← 7
→ 6
← 5
→ 4
← 3
→ 2
← 1

16코

159 24코 24단 1무늬

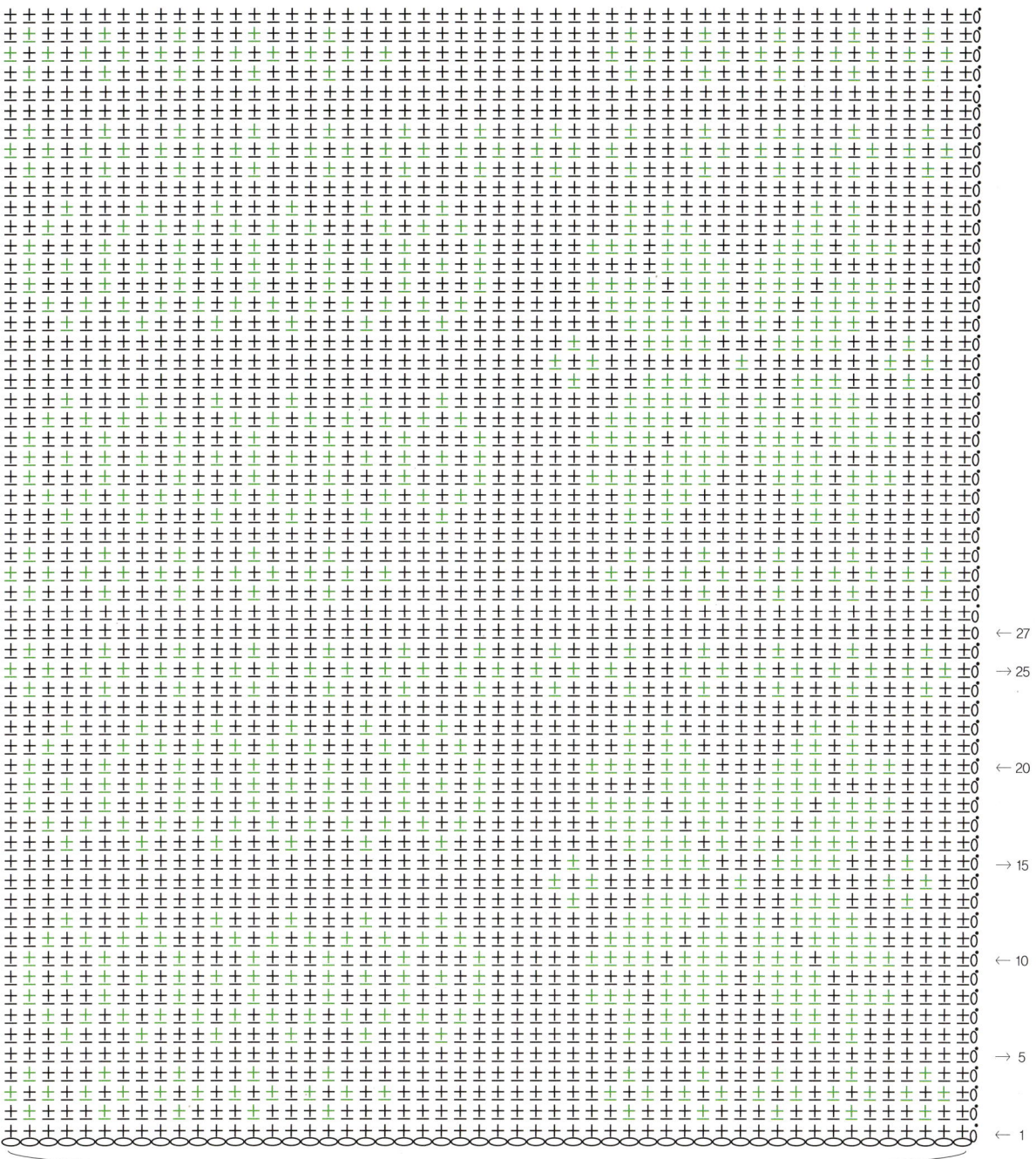

← 27

→ 25

← 20

→ 15

← 10

→ 5

← 1

52코

코바늘 손뜨개 무늬집

2013년 1월 10일 인쇄
2013년 1월 15일 발행

저 자 : 임현지
펴낸이 : 남상호

펴낸곳 : 도서출판 예신
www.yesin.co.kr

140-896 서울시 용산구 효창원로 64길 6
대표전화 : 704-4233, 팩스 : 335-1986
등록번호 : 제3-01365호(2002. 4. 18)

값 15,000원

ISBN : 978-89-5649-103-5

＊ 이 책에 실린 글이나 사진은 문서에 의한 출판사의
동의 없이 무단 전재 · 복제를 금합니다.